孩子 你慢慢来

Haizi Nimanmanlai

龙应台◎著

文匯出版社

目录

长长的路　　慢慢的走

孩子你慢慢来

"阿婆，我要这一束！"

黑衫黑裤的老妇人把我要的二十几支桃红色的玫瑰从桶里取出，交给小孙儿，转身去找钱。

小孙儿大概只有5岁，清亮的眼睛，透红的脸颊，咧嘴笑着，露出几颗稀疏的牙齿。他很慎重、很欢喜地接过花束，抽出一根草绳绑花。花枝太多，他的手太小，草绳又长，小小的人儿又偏偏想打个蝴蝶结，手指绕来绕去，这个结还是打不起来。

"死婴那，这么憨慢！卡紧，郎客在等哪！"老祖母粗声骂起来，还推了他一把。

"没要紧，阿婆，阮时干真多，让伊慢慢来。"

安抚了老祖母，我在石阶上坐下来，看着这个5岁的小男孩，还在很努力地打那个蝴蝶结：绳子穿来穿去，刚好可以拉的一刻，又松了开来，于是重新再来；小小的手慎重地捏着细细的草绳。

淡水的街头，阳光斜照着窄巷里这间零乱的花铺。

回教徒和犹太人在彼此屠杀，衣索匹亚的老弱妇孺在一个接一个地饿死，纽约华尔街的证券市场挤满了表情紧张的人——我，坐在斜阳浅照的石阶上，愿意等上一辈子的时间，让这个孩子从从容容地把那个蝴蝶结扎好，用他 5 岁的手指。

"王爱莲，补习费呢？"

林老师的眼光冷冷的。王爱莲坐在最后一排；她永远坐在最后一排，虽然她个子也矮。60 个学生冻冻地缩在木椅上，没有人回头，但是不回头，我也能想象王爱莲的样子：蓬乱的头发一团一团的，好像从来没洗过。穿着肮脏破烂的制服，别人都添毛衣的时候，她还是那一身单衣，冬天里，她的嘴唇永远是蓝紫色的，握笔的手有一条一条筋暴出来。

"没有补习费，还敢来上学？"

林老师从来不发脾气，他只是冷冷地看着你。

"上来！"

王爱莲抽着鼻涕，哆哆嗦嗦走到最前排，刚好站在我前面；今天，她连袜子都没穿。光光的脚夹在硬邦邦的塑胶鞋里。我穿了两双毛袜。

"解黑板上第三题！"

林老师手里有根很长的藤条，指了指密密麻麻的黑板。

王爱莲拿起一支粉笔，握不住，粉笔摔在地上，清脆地跌成碎块。她又拾起一支，勉强在黑板边缘画了几下。

"过来!"

老师抚弄着手里的藤条。全班都停止了呼吸,等着要发生的事。

藤条一鞭一鞭地抽下来,打在她头上、颈上、肩上、背上,一鞭一鞭抽下来。王爱莲两手捂着脸,缩着头,不敢躲避,不敢出声;我们只听见藤条扬上空中抖俏响亮的"簌簌"声。

然后鲜血顺着她虬结的发丝稠稠地爬下她的脸,染着她的手指,沾了她本来就肮脏的土黄色制服。林老师忘了,她的头,一年四季都长疮的。一道一道鲜红的血交叉过她手背上紫色的筋路,缠在头发里的血却很快就凝结了,把发丝粘成团块。

第二天是个雨天。我背了个大书包,跟母亲挥了挥手,却没有到学校。我逛到小河边去看鱼。然后到戏院去看五颜六色的海报,发觉每部电影都是由一个叫"领衔"的明星主演,却不知她是谁。然后到铁轨边去看运煤的火车,踩铁轨玩平衡的游戏。

并不是王爱莲的血吓坏了我,而是,怎么说,每天都有那么多事要"发生":隔壁班的老师大喊一声"督学来了",我们要眼明手快地把参考书放在腿下,用黑裙子遮起来;前头的林老师换上轻松的表情说:"我们今天讲一个音乐家的故事。"等督学走了,又把厚厚的参考书从裙下捞出来,作"鸡兔同笼"。

要不然,就是张小云没有交作业;老师要她站在男生那一排去,面对全班,把裙子高高地撩起来。要不然,就是李明华上课看窗外,老师要他在教室后罚站,两腿弯曲,两手顶着一盆水,站半个小时。要不然，就是张炳煌得了个"丙下"，老师把一个写着"我是懒惰虫"的大木牌挂在他胸前，要他在下课时间跑步绕校园一周。

我每天背着书包，跟母亲挥手道别，在街上、在雨里游荡了整整一个月，记熟了七贤三路上每一个酒吧的名字，顶好、黑猫、风流寡妇、OK……

被哥哥抓到、被母亲毒打一顿，再带回林老师面前时，我发觉，头上长疮的王爱莲也失踪了好几个星期。我回去了，她却没有。

王爱莲带着三个弟妹，到了爱河边；跳了下去。大家都说爱河的水很脏。

那一年，我们11岁。

淡水的街头，阳光斜照着窄巷里这间零乱的花铺。

医院里，医生正在响亮的哭声中剪断血淋淋的脐带；鞭炮的烟火中，年轻的男女正在做永远的承诺；后山的相思林里，坟堆上的杂草在雨润的土地里正一寸一寸的往上抽长……

我，坐在斜阳浅照的石阶上，望着这个眼睛清亮的小孩专心地做一件事；是的，我愿意等上一辈子的时间，让他从从容容地把这个蝴蝶结扎好，用他5岁的手指。

孩子你慢慢来，慢慢来。

原载《联合副刊》，1985年3月27日

初识

啵

事情，是这样开始的。

去年8月，华安一家三口旅行到澳洲一个小小的港口。这儿先得解释一下：华安，当时是个8个月大的婴儿。育儿书里有关于他的详细记载："8个月大的婴儿，能爬行、能扶床站立、沿壁扶走。口欲甚强，任何东西皆送往口中品尝。尚不能人语，但会咿呀作声，会叫爸妈。"至于一家三口，当然就是华安的妈妈和爸爸。

港口中的水非常清澈，一群相貌古怪的鸟漂在水上等着游人的面包。这鸟的嘴巴极大，像把剪树枝用的大剪刀。奇怪的是，嘴巴下面还吊着个大口袋。鸟儿大嘴一张，丢进来的苹果、面包、小鱼就滚进大口袋里，沉甸甸的。

华安坐在岸上，眼睛一眨都不眨地惊看这巨大的鸟。

爸爸说："Das ist der Pelikan."

妈妈努力想了一会，下定决心地说："这是塘鹅。"

华安手里一只削了皮的苹果，掉到地上，翻了几个筋斗就扑通摔进水里，又呱一声进了大鸟的口袋。

爸爸把华安搂在怀里，指着水中的动物，很干脆利落地说："安安，它们是 Bird, Bird, Bird, Bird ……"

安安不动声色，伸手扯了爸爸衣袖上的扣子，放在嘴里吃。

9月，安安和爸爸妈妈到了美国。他们在森林里租了一栋小小木头房子。房子四周长满青草，一身鸡皮疙瘩的小青蛙常常跳上台阶，闪进纱门来。

有一天早上，太阳特别亮，长长斜斜的阳光一道一道射进森林里来，轻飘飘的灰尘在一道一道光里翻滚。爸爸在厨房喝咖啡，妈妈倚着栏杆读报纸，安安刚刚把妈妈的牙刷塞进树干上一个洞里，现在正忙着把泥土塞满爸爸的球鞋。

妈妈好像听见一个细细的声音，"啵——"她继续看报纸。

"啵——"又来了，原来是华安在发声，妈妈不理他。

"啵，妈妈，啵！"华安似乎焦急起来，声音坚持着。

"怎么啦，宝宝，哎呀，爸爸鞋子给你搞这么脏！"

"啵，妈妈，啵，啵，啵！妈妈，啵！"他已经爬了过来，扯着裙角站起来，用胖胖的手指着草丛。

妈妈细看了一下，草丛错杂处，昂然站着一只大公鸡，鲜红的鸡冠衬着金绿的长尾，在阳光下闪闪发光。大公鸡也有一对圆溜

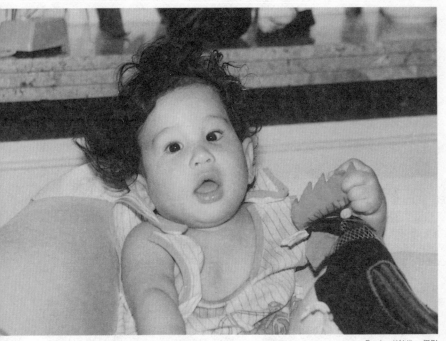

Bernhard Walther 摄影

自然诗人刘克襄刚结婚的时候，
坚决地说，绝对不能有小孩，
在台湾这么恶劣的自然环境里，
不，绝不要小孩。
几年后再见到他，
他正在和一伙人谈他身为奶爸的经验
他如何被一个从早到晚只会啼哭的小东西完全控制、
他的生活如何如何的狼狈……
大伙正要到颓废的酒吧去，
他站起来，说：对不起，我要回去喂奶了。
那晚，他走得洋洋得意。
他用受虐的、抱怨的方式来表达心中洋溢的幸福。

溜的眼睛，眨都不眨地看着跟它差不多高的华安。

"妈妈，啵！"安安带点兴奋、带点惊恐地，努力用手指着大公鸡。

妈妈好像听到脑子里滴答一声，突然懂了。对呀，一身羽毛、两只瘦脚、一把尖嘴，这不是Bird，啵，是什么呢？

妈妈狂热地拥吻华安，一边像个很没有教养的女人扯着喉咙大叫："爸爸快来呀，安安说话了，说话了，他会说话了……"安安很厌烦地，奋力推开妈妈的脸，拼命扭着身子、拉长脖子想凑近看看草丛里那个神气活现的家伙。

初识

认识了"啵"之后，华安就认识了宇宙。

每天早上，教堂的钟当当当敲个八九响，华安就跟妈妈出发，到一公里外的猫川幼儿园。不下雨的时候，妈妈推出黄色的脚踏车，安安的专用椅摆在后座，也是黄色的。一路上，两个人都很忙碌。是这样的，妈妈必须做导游，给安安介绍这个世界，安安是新来的。而妈妈漏掉的东西，安安得指出来，提醒她。

短短一条普通的路上，究竟有些什么东西呢？华安的妈妈摇摇头说，啊，那实在太多了，说不完哪！你瞧，天上，有一轮太阳，有一团团一块块的白云，有时候又是黑云，云的背面有蓝色的天空。喷射机过境的时候，老远就可以看见那条渐拉渐长的白线，把天空划成两半。初春的季节也很多事，那软绵绵的柳絮全都从树枝梢头吹了出来，飘得满天满地，又飘到安安的头发中……

那路上，也看不完哪！这家院子里站着棵苹果树，那家墙脚爬着株葡萄藤。拄拐杖的老太婆在花园新翻的土床上放了一只陶做的兔子、两只雪白的鸭子、一顶雨伞似的大香菇，香菇伞底下还坐着一只绿皮丑青蛙——这些，你说华安会放过吗？

至于路上那些会动的东西，可真多得教人头痛呢！大街上停停跑跑的是汽车——卡车、吉普车、巴士、摩托车、脚踏车、火车、电车、垃圾车、婴儿车……说都说不完。迎面而来一团摇摇滚滚的黑毛，"狗狗"，不能不打招呼。对街窗台上一只伸懒腰的猫咪，转角处一片山坡，山坡上低头吃草的花白乳牛，脖子上系着铃铛，叮铃叮铃在风里传得老远老远……

所以一路上，妈妈推着车，安安忙着观望，两个人有很多话要说。

"安安，听，教堂的钟声……"妈妈慢下脚步。

"钟声——叮当叮当——"安安愉快地说，脸庞转向教堂的方向。教堂在山的那一边。

"花，花——"小手指着路边的花丛，"红色的！"

妈妈低头看看，花瓣上还沾着晶亮的露水，"不是，安安，这花是黄色的。"

Bernhard Walther 摄影

一路上，两个人都很忙碌。
是这样的，妈妈必须做导游，给安安介绍这个世界，安安是新来的。
而妈妈漏掉的东西，安安得指出来，提醒她。

II

安安点点头，努力地说："嗯色的，嗯色的！"

75号巴士缓缓地从转角冒出来。"巴士，妈妈，巴士来了，大的！"

"什么颜色，安安？"

安安顿了一下，含糊过去："嗯色的！"

"胡说八道！"妈妈拿野花敲敲他头，说，"那是蓝色的，跟天空一样，你看！"

安安抬头，突然大叫："Bird！"

一只海鸥滑翔过淡青的天空。

跟迎面而来的邮差打过招呼之后，一转弯就是苹果园了，苹果树下乳牛正在打盹。

"苹、狗、牛、树。"安安一个一个仔细而认真地打招呼，"草、叮当、房子、烟囱、脚踏车……"

上一个坡，"鹿鹿、青花、老公公……"

"青花"是青蛙，"老公公"是个陶做的长胡子妖精。

行行复行行，终于到了猫川幼儿园。妈妈温柔地把安安抱下车来，亲吻着他的脸颊说："小朋友，再见，去和昂弟玩，要乖。"

安安牵着幼儿老师的手，看着妈妈推动脚踏车；突然想起什么，对着她的背影大声说："妈妈，乖！"

黄昏

秋天的黄昏，叶子铺得满地，厚厚一层美丽的金黄。空荡荡的枝桠映着清冷的天空，彩霞的颜色从错综的枝桠缝里透过来。小河的清水流着凉凉的声音。

妈妈骑车载着华安往回家的路上，看见一道古旧斑驳的小木桥，横枕着悠悠的流水，心里有点凄凉，于是侧脸对华安说："小桥——"

"小桥——"安安用脆脆的声音回答。

"流水——"

"游水——"

"人家——"

"鸭鸭——"

"古道——"

"五道——"

"西风——"

"蜜蜂——"

"瘦马——"

"狗狗，妈妈你看，狗狗——"

脚踏车上两个影子，沿着小河渐行渐远，渐渐融入了天的颜色，就看不见了。

龙

与宇宙惊识的安安，不足两岁，却有着固执的个性，他很坚决地要知道这世界上所有东西的名字。四只脚、一身毛、会走动的东西叫"狗狗"，但是，同样四只脚、一身毛、会走动的东西，如果耳朵特别尖、鼻子特别尖，就叫"狐狸"。比较小，叫出来的声音是妙呜妙呜的，就叫做"猫咪"。

有时候，安安从妈妈那儿却得不到答案。他肥肥的手指指着书上画的，仰脸热切地问：

"什么？"

妈妈凑近书本，看了又看，说：

"不知道哩！老天，怎么有这样的东西！"

安安不太高兴了，手指固执地停在那里，带点责备口气地，大声说：

"妈妈，什么？"

妈妈只好又低下头去细看。这个东西，有老虎的头、狗熊的身体、豹子的脚。汉声出版的小百科用各种插图来解说动物演化的过程。这不是两岁孩子的书，但里面图画很多，小安安认为整套书就是为他画的，每天都要翻翻摸摸。书本立起来有他一半高，精装封面又特别沉重，他总是费尽力气，用陶侃搬砖的姿态把书从卧房抬到客厅里去，气喘喘地。书摊开在地上，安安整个人可以趴在上面。

"好吧，"安安的妈妈不得已地说，"这东西叫做怪物。"

"外物！"安安慎重地重复一次，满意地点点头。翻过一页，又指着书上一个角落，"妈妈，什么？"

妈妈一看，是个猪头象身的东西，她忙站起身来，说："怪物，宝宝，都叫怪物。你来喝杯热牛奶好不好？还给你加阿华田？"

有时候，妈妈发觉，在将宇宙介绍给安安的过程里，有许多意想不到的曲折。3个月前，妈妈带着安安来到台北的龙山寺前，庙廊柱子上盘着一条张牙舞爪的龙，长长的身躯绕着柱子转。安安指着龙突出的彩眼，惊喜地扯扯妈妈的裙角，"妈妈，什么？"

妈妈蹲下来，牵起安安的手，伸出去，让他触摸龙的身体，然后一个字一个字地说："这是龙，宝宝，这是龙，说，龙——"

安安很清晰地重复："龙"。

庙里的烟火薰香像缥缈的游丝一样飘进妈妈的鼻息。她觉得意犹未尽，好像除了介绍"龙"的名字之外还有很多重要的话忘了说，好像让华安认识"龙"与介绍他认识"狗狗"和"狐狸"不是同类的事情。究竟妈妈还想说什么呢？她一时自己也想不起来，只突然听裙边仍旧在仰头凝视的安安说：

"龙，好大！"

回到欧洲，当然就看不到龙了。可是有一天，在电车里的安安突然对着窗外大声喊："龙，龙，妈妈你看——"

电车恰好停下来，妈妈赶快望出车窗，窗外是深秋萧瑟的街道、灰沉沉的屋宇、灰沉沉的天空、灰沉沉的行人大衣。惟一的色彩，是一条近100公尺长的彩带，结在枝骨峥嵘的行道树上，大概是准备迎圣诞节的彩饰。妈妈突然明白了：小安安以为任何长条的东西都叫做"龙"。

"不是的，安安，"妈妈说，"那是一条彩带，不是——"

话没说完，刮起一阵秋风，鲜红的彩带在风里波浪似地翻滚起来，此起彼落，妈妈一时呆住了，她以为自己在看一条春节鞭炮声中的五彩金龙——谁说这不是一条龙呢？

回到家里，妈妈一头栽进厨房里，说是要给安安做鱼粥，"常吃鱼的小孩聪明。"她带点迷信地说，一面开始切姜丝。

安安"噔噔噔"跑进他自己的房间，放眼巡视了一下自己的各种财产，那包括毛绒绒的兔子、乌龟、狗狗、公鸡、狗熊……还有会讲话的玩具鸟、会哭的黑娃娃、会奏乐的陀螺，还有可以骑的三轮车、爸爸自己一岁时摇过的木马、装着喇叭的卡车……当然，

16

圆神出版社提供

他爬、他笑、他摇头、他站起来又一跤跌倒，
他眨动着圆滚滚、亮清清的眼睛。
我总是目不转睛地看着他每一个举动。

还有一箩筐的小汽车。

"哗啦"一声，厨房里的妈妈知道安安已经选定了他要玩的，他正把一箩筐的汽车倾倒在地上。

妈妈一边切胡萝卜，一边不自觉地哼着歌，一边当然是竖着一个耳朵侦测安安的动静，她自己不喜欢吃胡萝卜，可是从来不放过任何让华安吃胡萝卜的机会。

"吃红萝卜眼睛好，"妈妈想着，突然发觉自己在哼的曲调是"咕哇呱呱呱呱呱，就是母鸭带小鸭——"她停下刀来，觉得有点恍惚：奇怪，以前自己常哼的歌是"滴不尽相思血泪／抛红豆，开不完春柳春花／满画楼"，现在怎么哼起这个母鸭调调来？

"妈妈，你看！"华安兴奋地冲进厨房，拉起妈妈湿淋淋的手，"来！"

妈妈另一只手还握着菜刀，跟着华安进了房间。地毯上是华安的车队：卡车、吉普车、巴士、摩托车、旅行车、拖车……一辆接着一辆，紧密地排列成歪歪斜斜的长条，从墙脚延伸到床头。

"妈妈，"华安指着车队，郑重地说："龙！"

妈妈弯下身来轻吻安安冒着汗的脸颊，笑得很开心："对，宝宝，龙；车水马龙。"

妈妈拎着菜刀，走出了安安的房间，安安又蹲下来，听见妈妈在哼，一支很熟悉的歌，也快乐地跟着唱起来："伊比亚亚伊比伊比亚——"

那是什么？

　　华安站在床边看着妈妈穿衣服，他指着素色的裙子说："妈妈，新的？"

　　妈妈点点头："是，是新的。"

　　安安赞许地说："很漂亮！"

　　做母亲的停止了手的动作，惊异地望着那刚满两岁的小孩，心里在想：老天，这小人儿在跟我"聊天"哪，用他仅有的词汇。

　　爸爸走进卧房来，小人喜滋滋地跑过去，拉着他的大手，指指妈妈的裙子："爸爸，Schau neue, schön，"他在用德语说："你看，新的，很漂亮。"

谜

　　安安的妈妈是个中国人，从安安出世那天起，就一直只用国语和孩子说话，句子中不夹任何外语。安安的爸爸是德国人，讲标准德语，所以安安与爸爸说德语。然而爸爸和妈妈彼此之间说的是英语，没有人教安安讲英语。

一家人住在瑞士，瑞士人讲方言德语，就好像讲普通话的人听不懂闽南话一样，德国人往往听不懂瑞士方言。安安在幼儿园里，跟老师和小朋友们说的是瑞士话。

眼睛圆圆、鼻子圆圆、脸庞圆圆的小安安，就生活在这四种语言之中。那是什么光景呢？

在幼儿园里，华安叽哩咕噜地自言自语，大眼睛的苏珊听不懂，她想："嗯，安德烈斯一定是在讲中国话，所以我听不懂，等他妈妈来要问她看看。"

在家里，安安自言自语发一个音，一个爸爸妈妈从来没听过的新音，妈妈听不懂，与爸爸打探：

"是德语吗？"

"不是。"爸爸说，接着问："是国语吗？"

"不是。"

"那一定是瑞语了！"爸爸妈妈像合唱似地一起说。

安安对父母的困惑毫不理睬，自顾自去捏粘土、做小猪。

苏珊趁着妈妈来接孩子时间："欧子是什么？"

妈妈笑得很开心："是'猴子'！安德烈斯说的是中文的猴子！"

然后妈妈问苏珊："洛伊是什么？伟娄是什么？"

苏珊解释："是瑞语的'狮子'、'脚踏车'的意思。"

晚餐桌上，爸爸恍然大悟地说："啊，真想不到，同是德语，差别这么大。我根本没听过这种说法呢！"

就这样，小华安使大家都很忙碌：苏珊学中文，妈妈学德语，爸爸学瑞语。所有的语言都学会了之后，大人才能完全听懂华安的话。爸爸略带安慰地说："幸好他还听不懂英语……"

黑人

有一天，在公车上站着一个美丽的黑人，安安兴奋地问："妈妈，谁？"

妈妈说："黑人，那是一个黑人。"一边回答，一边想着，一个从来不曾见过黑人的人，如果懂得"黑"字的意义，而且眼睛能够辨别颜色，有颜色的观念，他一旦听到"黑人"的词，应该马上可以体认到黑人的特色，为黑人下定义——肤色黑者为黑人。但是身边这个小脑袋还不知道"黑"的意义，也不知道这世上还有所谓白人、黄人、红人等等，他怎么去了解车厢里这个黑人呢？小脑袋显然注意到眼前这个人类与爸爸、妈妈都不一样，但它是否有能力观察、比较、归类呢？

回到家里，妈妈拿起英文的《先锋论坛》，叹息一声说"哎！James Baldwin死了！"Baldwin是著名的美国黑人作家，照片中的他戴着一顶大草帽，很天真地笑着，露出白牙。"妈妈！"一声大叫，把看报的妈妈吓了一跳，安安正指着Baldwin的照片，很惊喜地说：

"黑人，你看，又一个黑人！"

妈妈再仔细地看看照片：既是黑白照片，连人的肤色都看不出来，这人，两岁的小人怎么就知道这是个"黑人"呢？

安安早已忘了黑人，在翻看狗熊与大野狼的图片，一边看，一边加以评论："好大！咬人！在睡觉！跌倒了……"母亲凝望着他美丽的头型，心里翻腾着膜拜与感动的情绪：孩子，是天心的验证，美的极致。究竟是什么样的宇宙机缘造就出"人"这个生命来？

妈妈不知道，安安能辨别的还不只黑人而已。家里来了访客，若是西方人，安安不假思索脱口而出的就是德语；若是东方人，第一句话就是普通话。好像脑子里有几个按钮，见到不同的人就按不同的钮，绝对不会错乱。小小的人又怎么分辨西方人与东方人呢？

腊肠狗

迎面走来一只腊肠狗，短得不能再短的四肢，撑着圆筒似的长条身体，肚子几乎要擦着地面。华安指着狗仰头问妈妈："那是什么？"

妈妈说："腊肠狗。"

华安含糊念了一下"丫长狗"；满意了，又仰头问爸爸：

"Das？"

"Ein Dackel."爸爸说。

华安点点头。在他的心目中，这世界上一草一木任何东西都同时有几个不同的名字；会跑的两个轮子，妈妈说是"脚踏车"，爸爸称它"Fahrrad"，幼儿园的苏珊却说是"Velo"。华安认为理所当然，所以每一回新的邂逅，要问三遍，然后记住三种答案。

那第四种，英语，爸爸妈妈怕把小家伙搞糊涂了，向来不教，英语就变成大人之间的秘语。有一天上午，安安敲破了一个生鸡蛋，蛋黄流在地板上，正往白色的地毯扩张。肇事者欢呼："妈妈，Look——"

妈妈看见了，大叫一声"哎呀"，慌忙去抢救。擦地板正起劲的当儿，突然想到什么，眼睛寻找华安："你刚刚说什么？"

"Look，妈妈！"小人很得意地欣赏妈妈的惊讶，"Look！"

妈妈丢下抹布，沮丧地说："完了，他开始懂英语了！"

Bernhard Walther 摄影

蒋勳曾形容含笑的花苞像幼儿的小手，或者他是说。
幼儿的小手像含笑的花苞？
我把他的小手端放在我的掌心，
然后亲吻那肥肥短短的手指。

终于嫁给了王子

安安和弯腿的昂弟在抢一辆小卡车，昂弟抢赢了，把东西紧紧抱在怀里，死命抵抗敌人的攻击。

妈妈看见安安突然松了手，退后一步。她正要安抚他，却见这两岁小娃儿端起两只小手臂，做出猎人射击的姿势，对准昂弟，口里发出"碰碰"的枪声，然后满意地说："死了！"

妈妈觉得惊心动魄，只有她知道安安"杀人"的灵感来自哪里。

"大野狼把外婆和小红帽吞下肚之后，觉得累了，就倒在外婆的床上，呼呼大睡起来。"妈妈和安安依偎在一起看光复书局出版的世界童话书。书页上的野狼画得惟妙惟肖，大大的嘴巴露着尖锐的白牙，血红的长舌。

"猎人来了！"焦急的安安抢在前头，替妈妈接下去；这故事，他已经听了许多遍了，每一个细节他都记得。

"刚好有个猎人经过小屋子，"妈妈继续说，"听见屋里呼呼的声音，觉得奇怪：怎么外婆声音这么难听？他凑近一看，看见了大野狼这个坏东西，于是他举起枪来——"

安安聚精会神地听着，两眼盯着书上一管大猎枪——

"碰一声，猎人开枪把野狼打死了！然后用剪刀把野狼肚子剪开，救出了外婆和小红帽。"

妈妈讲完了故事，心里觉得不太舒服：野狼也是动物，和小白兔一样是宇宙的宠物，童话里却老是给野狼开膛破肚，不是尾巴给三只小猪烧焦了，就是肚皮被羊妈妈剪开，放进大石头，掉到河里淹死了。妈妈觉得野狼受到不公平的歧视。而且，野狼遭遇的凄惨也使她开始注意到童话里的残酷和暴力。

脍炙人口的《白雪公主》在西方的社会已经受到现代父母的排斥，所以妈妈特别用心地读了一遍，啊，你看！皇后下令杀死白雪公主，部下不肯，皇后便说：

"不肯就砍下你的头来！"

部下不得已，只好对白雪说："你逃吧！我会杀死一只鹿，把它的心脏冒充是公主的，交给皇后。"

白雪公主没死，皇后又化装成老妇人，进了公主的门。"老婆婆一进门，就拿着丝带，很快地勒住白雪公主的脖子，越勒越紧。她看见白雪公主躺下去，一动也不动了，才放手逃出森林。"

白雪仍旧没死，皇后就把毒药涂在梳子上，然后把毒梳子插进公主的头发。

公主仍旧不死，于是皇后用毒蛇的脚、鼹鼠的眼睛、蛤蟆的尾巴，还有蜥蜴的翅膀，做成剧毒，涂在苹果上，给公主吃下……

妈妈心惊肉跳地读着白雪公主的故事，短短的情节中，有各
形各式杀人的方法：用刀子砍头，用剪刀剖开胸膛取出心脏，用丝
带套住脖子把人勒死，用毒药给人吞下……我怎么能跟两岁的孩子
讲这种故事？妈妈抛开书，自言自语起来。在他往后成长的岁月
里，他会见到无数的人间丑恶事，没有必要从两岁就开始知道人与
人之间的仇恨。人的快乐童年何其匆促，何其珍贵！妈妈边想，边
抽出《阿里巴巴四十大盗》。

"强盗看见卡希姆，挥着刀大叫：'大胆的小偷！竟敢跑到这
儿来偷东西，看我一刀杀了你。'"

"卡希姆还没来得及吭气儿，便被砍下了头。"

阿里巴巴聪慧的女仆发现强盗埋伏在大皮袋里，她就"找出
一袋油，搬进厨房去，用大锅子把油烧得热滚滚。再把热滚滚的油，
倒入每一只皮袋里。一袋、两袋、三袋……三十九袋，袋子里的强
盗，连个气儿也不吭，都给烫死了。"

"院子里三十九只袋子，都装着强盗们的尸体，阿里巴巴看得
又惊又喜。"

妈妈倒抽了一口凉气，慌忙把《白雪公主》和《阿里巴巴》两
本书移到书架上最高一格，保证华安即使搬来小椅子也够不到的地

方。留在下格的，都是安安心爱的故事：阿依达的花、小豌豆的故事、小锡兵的爱情、三只小猪等等。光复书局这套书寄到之后，安安连车子都不玩了，每天抱着书，一遍又一遍地翻着，连上厕所都坚持带着书一块儿上。

站在高椅上，妈妈把不让安安看的故事书一一排列，排着排着，她突然笑了出来，心想：我这岂不是和警总一样吗？查禁书籍。妈妈一向对警总那类的机构深恶痛绝，现在，她好脾气地笑笑：警总也没什么，只是把人民都当作两岁小儿看待罢了。

晚上，下班回来的爸爸趴在地上做马，让安安骑了几圈之后，两眼翻白、口吐泡沫、口齿不清地对妈妈说：

"老天，我撑不住了。你把他骗走吧！"

妈妈刚收拾好碗筷，同情地拍拍爸爸的头，叫安安：

"到房间去，讲故事啦！"

骑马的小人一骨碌滑下马背，飞快地往书架奔去。面对着一排花花绿绿的书，背着手沉思一下，然后作了决定，仰脸对妈妈说："要灰姑娘，还有青蛙王子！"

靠着枕头坐好，妈妈问他："你将来想做什么，安安？"

"嗯——"他在考虑，接着说："做公主！"

"你是个男孩，安安，"妈妈纠正他，却被打断，安安不满意地说：

"安安是男人！男人！妈妈是女人！"

"好，安安是男人，男人可以做王子，不是公主。你为什么要做公主呀？"

"做公主，嗯——"他侧着头想想，说："跟王子，结婚。"

妈妈讲到灰姑娘穿上美丽的玻璃鞋，王子喜出望外，找到了爱慕的人。图片上画着灰姑娘半跪在地上，羞怯地让站着的王子吻她的手，"灰姑娘终于嫁给了王子，快乐幸福地过一生。"

妈妈边讲，边觉得像吃甜食时突然咬到沙子一样，非常别扭。这样的童话，无非在告诉两岁的小女生、小男生：女孩子最重大的幸福就是嫁给一个王子，所谓王子，就是一个漂亮的男生，有钱，有国王爸爸，大家都要向他行礼。故事的高潮永远是——"她终于嫁给了王子！"

狗屁王子！妈妈心里想着，这是什么时代了，人人都是王子。或许"现代王子"是商贾巨室的后代，在财富中累积财富，有个富可敌国的爸爸，大家也都要向他敬礼。现代王子甚至也长得漂亮，因为从小营养充分，生来一嘴乱七八糟的牙也可以请牙医矫正。但是现代的姑娘可有不嫁王子的权利。即使是灰姑娘，也不需要依靠"嫁给王子"的恩典来取得幸福。嗯，若生个女儿，一定要好好告诉她：这故事是假的……

安安已经睡着了，脸庞贴在书页上，王子和公主结婚的那一页。

野心

若冰到欧洲来看老朋友，华安妈妈期待了好久。晚餐桌上，她对华爸爸描述这个明天就要来访的大学同学：

"她很漂亮，人永远冷冰冰的。大学时候，我很羡慕她那副孤傲不群的样子，听着笑话不笑，见到人不嘻嘻哈哈，大家都觉得她很有深度，我学都学不来。"

华爸爸敷衍地说了声"哦"；他对台湾那种有"深度"的女生一向没有兴趣，他喜欢像钟楚红那样野性的小猫或者三毛那样有情调的女人。

可是妈妈继续回忆："若冰的衣服永远是最讲究的，做了单身贵族之后，更是非名家设计不穿。她讨厌狗，和天下所有的小动物。有一次我在学校草坪上看见三四只胖嘟嘟、毛茸茸的乳狗跟着母狗在晒太阳，欢喜万分地蹲下去抚摸小狗若冰刚好经过，说：好恶心的小狗，软绵绵的，真恐怖！她离得远远的，怕我碰过乳狗的手会碰到她。"

"妈妈，来，"已经吃过晚饭的华安来扯妈妈的袖子，"来讲故事！"

"不行！跟你讲过很多次，爸妈吃饭的时候不能陪你玩，等5分钟。"妈妈口气有点凶，懊恼儿子打断了自己的叙述。

华安"哇"一声大哭起来。这个小孩子声音特别洪亮，爸爸用手指塞起耳朵，继续吃饭。妈妈忍受着刺耳的难受，与小红卫兵格斗："华安，你不可以用哭作武器。你再哭妈妈就让你到角落里罚站。"

仰天大哭的小脸上只见一张圆圆的大嘴，一滴眼泪滑下嘴角。爸爸放下餐具、推开椅子，弯下身抱起儿子，哭声一半就煞住，华安改用德语指定爸爸为他讲七只乌鸦的故事。

妈妈长长叹一口气说："你这样叫我怎么教育他？"

父子都没听到妈妈的话；两个人一起在看七只乌鸦的书，坐在父亲怀里的华安，颊上还小心地悬着一颗眼泪。

若冰来之前，妈妈已经要西班牙阿姨来家里清扫过，可是妈妈还得花半个小时打点细节。这个阿姨有个改不过来的习惯——她喜欢填空。比如说，厨房的切菜台上放了把头梳（大概是妈妈在浴室梳头时，发现华安独自爬上了切菜台，慌慌张张赶来解救，梳子就顺手留在那儿了），阿姨就不会把头梳拎到浴室里去放回原位，她会在厨房里头就地解决：找到一个洞就把头梳塞进去，藏好，那么切菜台上就干净了。如果她在客厅茶几上发现了一支钢笔，她也不至于把笔带到书房里去，她在客厅里找寻一个洞，找到了，就将笔插进去，那么茶几也就清爽了。

结果嘛，就是妈妈经常有意外的发现：头梳放在啤酒杯里、钢笔藏在鱼缸下面、缩成一球的脏袜子灰扑扑地塞在花瓶里、锅铲插在玩具卡车的肚子里……在这些意外的发现之前，当然是焦头烂额地寻寻觅觅。妈妈现在正在寻找的项目计有：家庭预算簿一本（会不会扁扁地躺在砧板底下呢？）、擦脸的面霜一盒（会不会在冰箱里呢？）、毛手套一只（会不会，嗯，会不会在厕所里呢？），还有其他零碎的小东西，因为寻找时间过长，妈妈已经记不得了。

西班牙阿姨一星期来三次，每次两小时，每小时妈妈得付相当于台币350元。"还好，"妈妈一边数钱，一边说给自己听，"只要她不把马桶刷子拿来刷碟子，不把筷子藏进排水管里，就可以了，就可以了。"

可是有洁癖的若冰要来了，妈妈不得不特别小心。她把地毯翻开，看看下面有没有唱片封套，又趴在地板上觑着书架背墙的角落，果然发现一架救火车。清理之后，妈妈开始清理自己。脱掉粘着麦片的运动衣裤、洗洗带点牛奶味的头发。照镜子的时候，发现早上华安画在她脸上的口红像刺青一样地横一道、竖一道。

妈妈特意打扮了一下，她不愿意让若冰说她是黄脸婆。最后一次照镜子，妈妈看见额上的几根白发，也看见淡淡脂粉下遮不住的皱纹，她突然恍惚起来，恍惚记得许多年前，另一个母亲对镜梳

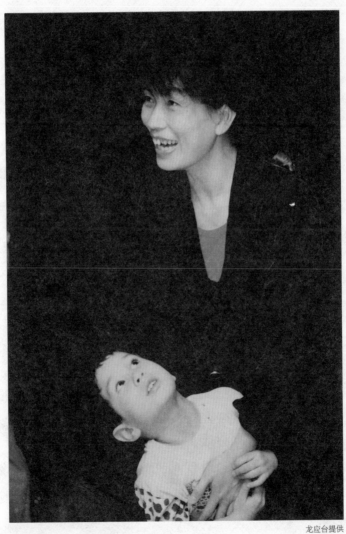

龙应台提供

孩子将我带回人类的原始起点。
在漠漠穹苍和莽莽大地之间，
我正在亲身参与那石破天惊的创世纪。

妆后，叹了口气，对倚在身边10岁的女儿说："女儿呀，妈妈老喽，你看，36岁就这么多皱纹！"

那个娇稚的女儿，此刻望着镜里36岁的自己，觉得宇宙的秩序正踩着钢铁的步伐节节逼进，从开幕逼向落幕，节奏严明紧凑，谁也慢不下来。

妈妈轻轻叹了口气，门铃大声地响起来。

若冰是个独立的女子，到任何国家都不喜欢让人到机场接送，"婆婆妈妈的，麻烦！还要道别、还要握手、寒暄，讨厌！"她说。

门打开，两个人对视片刻，若冰脱口说："你怎么变成这个样子，黄脸婆？！"妈妈张开手臂，亲爱地拥抱一下老朋友，嗅到她身上淡淡的茉莉香水味。

访客踏进客厅，问着："儿子呢？"

"你不是讨厌小动物吗？"妈妈说，"送到幼儿园去了。"

华安回来的时候，若冰正在谈她的年度计划。休假一年中，半年的时间用来走遍西欧的美术馆及名胜，两个月的时间游中国大陆，最好能由莫斯科坐火车经过西伯利亚到北京。剩下的4个月专心写几篇比较文学的论文。

"妈妈，"华安保持距离、略带戒心地观望陌生人，"她是谁？"

"这是台北来的冷阿姨，这是华安。来，握握手。"

华安眼睛一眨都不眨地看着冷阿姨，握手的时候。

客人有点局促，没有抱抱华安的冲动，也不愿意假作慈爱状去亲近孩子。华安已经站在她膝前，玩弄她胸前的首饰。"什么名字，妈妈？"

"项链，那个东西叫项链，宝宝。"

"很漂亮！"华安表示欣赏若冰的品味，但也感觉出这个阿姨和一般喜欢搂他、亲他的阿姨不太一样。他很快就自顾自去造船了。

"你的生活怎么过的？"客人松了口气，整整揉乱了的丝质长裤，优雅地啜了口薄荷茶。

"我呀——"妈妈边为儿子倒牛奶，边说，"早上7点多跟着儿子起身，侍候他早点，为他净身、换尿布、穿衣服，督促他洗脸刷牙。然后整理自己。9点以前送他到幼儿园。10点钟大概可以开始工作……"

"写文章？"

"不，先开始阅读，一大堆报纸、杂志，看都看不完。截稿期近的时候，从11点就在书桌上坐到下午4点，中饭都没有空吃。4点钟，匆匆赶到幼儿园去接宝宝。4点以后，时间又是他的了。陪他到公园里玩一小时，回来做个晚饭，服侍他吃饭、洗澡、讲故事，到晚上9点他上床的时候，我差不多也在半瘫痪状态。"

若冰同情地望着妈妈，说："我记得在安安出世之前你有很多计划的……"

"当然，"妈妈的话被华安打断了，他要她帮忙把救生艇装到

Bernhard Walther 摄影

这家书店只卖两种书：
社会主义思想和女性主义。
我的手指在寻找答案，谁能告诉我做"母亲"和做"个人"之间怎么平衡？
我爱极了做母亲，只要把孩子的头放在我胸口，就能使我觉得幸福。
可是我也是个需要极大的内在空间的个人，像一匹野狼，
不能没有它空旷的野地和清冷的月光。
女性主义者，如果你不曾体验过生养的喜悦和痛苦，
你究竟能告诉我些什么呢？

船上——"我每天还在想着那许多想做的事情。我想把最新的西方文学批评理论好好研究一下。比如德希达的解构主义，理论我知道，但实际上怎么样用它来解剖作品、它的优点跟局限在哪里，我一点也不清楚。我也很想深入了解一下东欧的当代文学，比如匈牙利与捷克，还有专制贫穷的罗马尼亚。嗨，你知道吗？Ionesco的剧本又能在罗马尼亚演出了，他虽然以法文写作，其实是个道地的罗马尼亚人呢——哎呀，我的天——"

华安坐在录音机前，正在专心致志地把录音磁带从匣中抽拉出来，已经拉出来的磁带乱糟糟缠成一团。

若冰看着妈妈去抢救那些录音带，坐立不安地说："他不会静静地坐下来看书吗？"

妈妈拿了支铅笔插进录音卡，边卷边说："若冰，你看过小猴子静静地坐着看书吗？"

"华安，看白雪公主好不好？"妈妈放了录影带，知道白雪公主会带来大约半小时的安静。

"我还想大量地读当代大陆作家的小说，从北到南，一本一本读，然后写批评，一本一本批评。

"我还想旅行。和你一样，到大陆去。我想到西藏待两个月、陕北待一个月、东北待一个月、上海北京各待一个月。还想到内蒙古。还想到法国南部的小乡村，一村一村地走，一条河一条河地看。

"还想写一流的采访报道，以国家为题目，一国一国地写。用最活泼的方式深入写最枯燥的题目，把活生生的人带到读者眼前。

"还想制作电视节目——"

"什么意思？"若冰淡淡地问："你不是最瞧不起电视吗？"

"你听嘛！"妈妈瞄一眼电视，七个小矮人正围着熟睡的公主指指点点，她继续说："我想做一个欧洲系列，每一个国家作一小时的录影。比如介绍瑞士的一集，题目可以叫'谁是瑞士人？'把瑞士这个小国的混合语言、种族、文化的奇特现象呈现出来。这不是风光人情的掠影，而是深刻的、挖掘问题的、透视文化社会的纪录片。当然，每一个片子背后都有作者的个性与角度在内，就像一本书一样。做完了瑞士做德国——西德与东德，然后每一卷录影带就像书一样地出版、发行……"

妈妈讲得眼睛发亮，无限憧憬的样子，客人冷冷地说："这样的东西会有'读者'吗？"

"怎么没有？若冰，"妈妈兴奋得比手划脚起来，"台湾不能只靠钱，还要有内涵——"

"妈妈，"华安扯着妈妈的裙子："有嘎嘎了。"

"哦——"妈妈蹲下来，嗅嗅宝宝，嗯，气味很重，她说："宝宝，你能不能在有嘎嘎之前告诉妈妈，不要等到有嘎嘎之后才说？瑞士的小孩平均在 27 个月的时候，就可以不用尿布，自己上厕所了。你再过几天就满 27 个月了，你帮帮忙好不好？"

华安不置可否地让妈妈牵到浴室里去了。

回到客厅，妈妈关掉电视，拿出彩笔与画纸，铺在地上，让安安玩颜色，画画。

"还有，"妈妈意犹未尽："我还想做一件事，就是出一系列孩子书。我可以找楚戈——楚戈那个老儿童你认识吗？挑选台湾十个家庭，各有代表性的家庭，比如一个茄定的渔家、一个屏东的农家、一个三义的客家、一个基隆的矿工家、一个兰屿的原住民家、一个台东的牧家等等，当然一定得是有幼儿的家庭。我们去拜访、观察他们的家居生活，以小孩为核心，然后楚戈画、我写，每一家的生活故事都成一本儿童书，让台湾的孩子们知道台湾人的生活方式和台湾的环境——你说怎么样？"

"饿了，妈，饿了！"华安不知什么时候又来到身边，扯着妈妈的衣袖，"妈妈，饿死了！"小人用力掐着自己突出的肚子，表示饿得严重。

若冰突然站起来，弯下身去收拾散了一地的蜡笔。妈妈才发现：啊，什么时候客厅又变得一塌糊涂了？这个角落里是横七竖八的相片本子，那个角落里一堆垮了的积木；书从书架上散跌在地，椅垫从椅子上拖下来，叠成房子。

妈妈给了华安一个火腿豆腐三明治以后，抬腿跨过玩具、跨过书本、跨过椅垫，跌坐在沙发上，感觉分外的疲倦。若冰在一旁察言观色，用很温情的声音说：

"这种种理想、计划，做了妈妈以后都不能实现了，对不对？"

妈妈软软地躺在沙发上，很没力气地："对！"

"你后悔吗？"若冰问的时候，脸上有一种透视人生的复杂表情，她是个研究人生的人。

华安悄悄地爬上沙发，整个身体趴在母亲身体上，头靠着母亲的胸，舒服、满足、安静地感觉母亲的心跳与温软。

妈妈环手搂抱着华安，下巴轻轻摩着他的头发，好一会儿不说话。

然后她说：

"还好！"沉默了一会儿，又说，"有些经验，是不可言传的。"

欧嬷

"妈妈，起床啦！"安安用手指撑开妈妈紧闭的眼睑，像验尸官撑开死人的眼睑。

妈妈却并不像往常一样地起身。她拉起被子盖住头，声音从被子里闷传出来：

"去去去！去找欧嬷，要欧嬷给你吃早点。"

华安也想起了，这是欧爸欧嬷的家，兴奋地摸索下楼。

妈妈听见楼下厨房里苍老而愉快的声音："早安，宝贝！"满足地拥着被子，再睡，感激婆婆给了她赖床的权利。

睡眼惺忪、蓬头垢面的妈妈下楼来时，早餐已经摆在桌上：婆婆烘的蛋糕、面包、奶油，咖啡壶下点着一盏蜡烛保温。妈妈说了声"早"，正要坐下，被欧嬷的大叫吓了一跳：

"我的天！小姑娘！"婆婆摇头："你光着脚下来怎么可以，会冻死你——"

妈妈把脚缩起来，搁在椅角上，边倒咖啡边说："好了吧！我

40

脚不碰地总可以吧？"

婆婆说："孩子，头冷脚暖——"

"头冷脚暖，"妈妈接着欧嬷的语音用唱地说，"使医生破产！德国古谚。还是头暖脚冷？"

老人家无可奈何地直摇头。欧爸伸进头来说："老妈妈，来看看你孙子变把戏！"

欧嬷放下手中的抹布，兴冲冲走了出去。

妈妈啜着咖啡，把发黄的照片拿在手里细看：一个满头鬈发的婴儿巍巍颤颤地扶着马车而立，婴儿有圆鼓鼓的脸颊、胖嘟嘟的小手。那辆马车，是当年欧爸找邻居木匠做的，现在站在华安的房间里，每回华安骑上去，都要对妈妈郑重地摇摇手："妈妈，再见！安安上班去了！来甜蜜一下。"

木马边的金发婴儿，现在正在楼上卧房里赖床。平常，他必须一大早就起身，8点钟左右赶到办公室里，考虑中东的政治局势、研究德国的经济走向、预测明年的投资市场。今天早上他却赖在床上，安安稳稳的，知道楼下有早餐等着他随时去吃。从楼上大概可以闻到咖啡的浓香。毕竟，这是自己妈妈的家。

客厅里传来追逐嬉笑的声音。妈妈把照片藏进口袋里。婆婆那个本子里，有华安爸爸从出生到14岁的成长镜头，婆婆不愿意将本子送给媳妇，媳妇也明白她的念头：现在这个男人当然完全地属于你，做妻子的你；但是他的过去却属于我，做母亲的我。

Bernhard Walther 摄影

我的母亲也曾经坐在草地上远远地看着我爬行吧?
现在,母亲的手背上布满了老人斑,
那只曾经牵过我、抚过我头发的手。
生命的来处和去处,我突然明白了,
不透过书本和思考,透过那正在爬的孩子。

　　"不过，只偷一张没有关系吧？"妈妈自问，想到记录了两年多的"安安的书"，里面有华安初出母胎、浑身血迹的照片，有父母子三个人两年多来共度的足印与啼声。有一天，妈妈大概白发苍苍了，也要对一个年轻的女人说：现在这个男人当然完全属于你，做妻子的你；但是他的过去却属于做母亲的我。

　　或者，妈妈会倒过来说：这个男人的过去属于做母亲的我；现在的他却完全的属于你，做妻子的你，去吧！

　　妈妈的眼睛突然充满了泪水；她被自己的悲壮感动了，一滴眼泪落在碟子上，晶莹地立在蛋糕旁边。蛋糕有好几层，一层巧克力、一层杏仁，层层相叠上去，像个美丽的艺术品。

　　这个做蛋糕的、75岁的女人，她又流了多少眼泪呢？

　　妈妈总算暂时忘记了自己的悲壮与自怜，她听见婆婆做鸭子的"呱呱"声和华安乐不可遏的狂笑。16岁的玛丽亚，有一双大眼睛，穿着白色的布裙站在苹果树下，5月的苹果树开满了细碎芬芳的苹果花。玛丽亚在树下读信，风吹来，把白色的苹果花清清香香地吹到信纸上。

　　和写信的人结了婚，生了两个男孩，男孩在苹果树、乳牛、皮革的香味之间追逐成长，德国却正一步一步地走向毁灭。孩子的父亲穿上军服，背上枪，亲一下玛丽亚，就踏上了征途，那只是一条穿插着青草的石板路。

"这件衣服送给你。"婆婆说。是件透明的薄纱上衣，绣着红色的花边。妈妈仔细看着，觉得那薄纱上的图案异常的美丽。

"当然不是新的，"婆婆抚摸着陈旧的花边，淡淡地说："是从苏联的战场上寄来给我的。我放了40年了。"

妈妈把那件绣花薄纱衬衫小心地放进自己的抽屉，觉得情不自禁地哀伤。这件薄纱，曾经紧紧握在那个德国军官手里，在冰天雪地、凶残险恶的异国战场上。以粗犷的手温柔地包扎、热切地邮寄，寄给曾经在苹果树下读信的玛丽亚。

这个军官，死在冰天雪地、凶残险恶的异国战场上。他不曾再回到苹果树下。

妈妈也不曾穿过婆婆馈赠的薄纱衬衫。她不忍。

玛丽亚成了寡妇，但是并没有太多人为她流泪，因为，在颓墙断瓦中，到处都是寡妇。悲剧太多、浩劫太深，而人的眼泪有限。国都破了，家算什么？

"显而易见，是她追求我嘛！"欧爸意兴飞扬地说，"那个时候，她是个寡妇，还带着两个拖油瓶，不是她死死求我，我怎么会娶她？"

婆婆在一旁笑着，哄小孩似地说："当然当然，全村的女人都想嫁给你呢！"

踩着石板路来到苹果树下的，是个来自东边的异乡人；他大概也是受了大眼睛的诱惑吧？就在树边住了下来。异乡人其实也回不了东边的故乡，那东边的故乡没几年就成了东德，围墙的那一边。

"你这么老了，妈妈，"已经长大的男孩对玛丽亚说，"生孩子恐怕会生个皱巴巴的丑东西哦！"

孩子还是生了下来。即使是举目萧条的战后，婴儿的啼声仍旧令人欢欣振奋。受洗的教堂里充满了对未来的祝福与祈祷。当然没有人提及，这个婴儿在30年后将和一个中国的台湾女子结合。

"生了老三，老大却开始叫头晕、倦怠……"婆婆说，"我们正准备让他上大学——他是那么一个聪慧的孩子,对知识有强烈的渴求……"

玛丽亚在病床边守了两年，眼睛看着英姿焕发的儿子逐渐萎缩、一节一节萎缩，先放进轮椅，然后，有一天，放进棺材……

"为什么小儿麻痹疫苗不早一两年发现呢？"玛丽亚问，"我看着孩子在我怀里，一个其实已经是男人的孩子——看着他停止呼吸……"

妈妈吃完早点，洗了碗碟，发现祖孙三个在院子里踏青。她想，华安爸爸也太不像话了，睡到这时候。不是要带华安去游泳吗？

游泳回来，妈妈把华安哄睡，下楼来找欧嬷。

欧嬷正在烫衣服。妈妈发觉，自己一家三口昨天换下的脏衣服已经全部洗过、烘干、叠得像豆腐干一样，放在一边。婆婆正在烫的，是妈妈的内裤。

"我的天，母娣，"妈妈着急了，"你你你，我的衣服不要烫好不好？我反正随便——"

婆婆眼睛都不抬，仔细把内裤的边扯平，仔细用烫斗熨过，一边说："我横竖要烫衣服，你们的当然一并都烫了嘛！"

妈妈想说："可是内衣是里面穿的，谁都看不见，何必烫呢？"但她话到嘴边又没开口，她知道婆婆会说："咦，里外一致嘛！内衣烫了，穿起来舒服，无害呀！"

妈妈回到自己的客房，发觉本来乱堆在床上的两床被子，已经折成两块豆腐干，整整齐齐地摆着。她转身对爸爸说：

"明天出门就把这房间锁起来，免得母娣又进来整理内务，怎么样？"

"不行，"做儿子的横倒在豆腐干被褥上，凌空踢掉鞋子，说，"不要她做事，母娣会觉得人生乏味。你知不知道，她明天要去'老人院'里做义工，去慰问'老人'！我猜想，她恐怕还想唱歌给那些'可怜的老人'听呢！"

写给怀孕的女人

钟敏：

算算你怀孕应该接近7个多月了。台北蝉声四起的时候，宝宝就要来到。你是欢喜还是焦虑呢？

在华安出生前，安爸爸和我一起去上了6个星期的"拉梅兹生产"课程。台湾疗养院——现在改称台安医院了——免费教导待产的夫妻如何以意志及呼吸来适应生产的过程。有了6星期的准备，生产那巨大的、撕裂的痛，却是我不曾想象的。在床上努力地调节呼吸，当痛楚袭上来时，我只能愤愤地想：去他的拉梅兹，意志哪能受得了这样的剧痛！

所以建平应该陪你进产房的。孩子是两个人的，生孩子也是两个人的事情。当医生和护士在为众多的病人跑进跑出的时候，只有丈夫能够握着你的手，陪你度过每一场阵痛的凌虐。夫妻的同舟共济，没有更好的时候。两个人先共度苦痛，苦痛之后再共享欣喜。

台疗的美国医生告诉我，有百分之七十的中国男人不愿意陪妻子进产房。有的说"生孩子是查某人的事";有的说"受不了那样血淋淋的镜头";更多的,是相信"见女人的血不吉利"。

血淋淋的安安是用钳子夹出来的。和电视剧本不一样,我并没有立刻把他抱在胸上,眼里闪着什么幸福与慈爱的泪光。下半身经过麻醉,感觉像尸体,身心疲惫在崩溃的边缘,我对婴儿连望一眼的兴趣都提不起来。医生把刚刚割了脐带的小生命,轻轻放在安爸爸巨大的手掌中。

"他赤裸滑溜的身体跟我的手心接触的一刹那,我就开始爱他了。"华安爸爸说,很骄傲地,"别忘记,我是世界上第一个抱他的人。"

能够这样见证宇宙的蕴吐,能够这样拥抱鲜活的生命,是多厚的恩泽啊!却有男人推拒这样的特权。

还记得我喂奶的那段时候吗?把你们研究生招到隔壁会客室来上课,你们来之前,我就先喂奶。总是坐在落地窗前,远看观音山与淡水河。婴儿贪心地捧着妈妈饱满的乳房,吸着吸着,感觉妈妈的温软和心跳。我哺华安足足哺了一年,到现在,看见别的母亲解衣哺乳,我还忍不住驻足贪看,看那肥肥的小手抚摸着丰满的乳房,看那婴儿满足恬适的小脸,看那母亲低头的温柔,啊,我神为之驰,真想再来一次。

有一天晚上,席慕蓉请我到中山北路的福乐去吃东西。为我叫了一大杯奶昔,我举起杯子就没有放下,咕噜咕噜灌下,杯空为

48

止。叫来第二杯,仰头一饮而尽。再叫第三杯……席慕蓉呆呆地瞪着我,说不出话来。我很快乐,觉得自己从头到脚是一只在咀嚼的母牛,没有一寸头脑,没有一寸心思,全是身体、全是胃口、全是生理机能——上帝造女人,使她成为生殖孕育的媒体,我变成造化的一部分,心里充满了幸福。

你能不能自己哺乳呢?

然后,有所谓的"坐月子"。许多中国女人,在产后的那一个月里,要在门窗封闭的屋子里禁足、禁洗澡、忌洗头等等。即使你不想这么做,你的婆婆或母亲也会坚持,是不是?

我当然不敢说"坐月子"绝对没有道理。有些中国医师也开始用西医理论来支持"坐月子"的种种,就好像有人用现代物理及建筑来支持中国的风水五行理论一样。但这些理论并不曾说服我;华安出生后两个星期,我就把他系在胸前去走观音山了。有时候,安爸爸把他绑在背上,半个月大的婴儿趴在宽厚的背上显得特别小。一路上荷锄的老农睁大了眼相问:

"啊,外国人背小孩?那个团仔是真的还是假的?"

大胆一点的就追上来,摸摸婴儿的手,然后对伙伴宣布:"哇,是真的哩!"

产后没有几天,我就开始教课了,记得吗?淡江大学的女职员,由于有劳基法,是有产假的,女教授,却不给产假。说起来

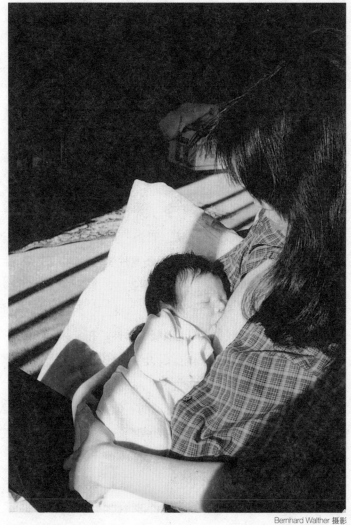

Bernhard Walther 摄影

冬晨。
阳光照进来，把窗格一条一条映在地上。
我们就这样坐在阳光里。

令人难以置信。学校不成文的做法是，女教授生产的那段时间，必须自己找人代课，同时将薪水让出。奇怪的是，这种不人道、不合理的做法行之多年，倒也没有女教授抗议！当我提到"淡大不给女教授产假时"，一位女教授说：

"谁说没有？你可以在家休息两个月，只不过要找人代课、不支薪罢了，谁说淡大没有产假？"

唉，有这样的女教授，也难怪有这样不合理的待遇。一个愿打，一个爱挨打吧！

婆婆或许会坚持你"坐月子"；想想，在8月天的台北，一个月不洗头，大概不太好受。但是，媳妇和婆婆之间的分歧，由孩子的出生而滋长的，恐怕还不只于坐不坐月子的问题。媳妇要让宝宝趴着睡，说是比较有安全感而且头型美丽；婆婆说："那怎么行？孩子会闷死！"媳妇要让宝宝少穿点衣服，婆婆说："那怎么行？孩子会冻坏！"媳妇要这样，婆婆说那样；在大部分的中国家庭里，可能最后总是要听婆婆的，因为婆婆地位尊贵，因为中国男人以做"儿子"为主，做"丈夫"为次，因为初生的婴儿属于整个大家庭，是负传宗接代大任的长孙，而不单纯的属于生他的女人。

在一个西方的家庭里就比较简单。孩子的母亲有最大的权利，任何人都得尊重"生母"的权利。我的婆婆很清楚地认知：宝宝首先是我的儿子，其次才是她的孙子。对孩子的教养，她可以从旁帮忙，或是提供过来人的经验，甚至于表示不同的意见，但她最后一句话永远是："当然，决定还是在于你做妈妈的。"

我喜欢这个方式。上一代与下一代的经验不同、观念有异，客观环境也在不断地变化中。对孩子的教养观念绝对是差异多于同意的。两代人同时争取对孩子的"主权"，冲突就避免不了。那么这个"主权"究竟应该给做母亲的，还是给做奶奶的呢？我相信母亲有天赋的权利，任何剥夺母亲生、养权利的制度都是不合生物原则的。

钟敏，我不是要你生了孩子之后去革命。不管怎么样，婆婆也是爱孙子的，这个世界，凡有爱的事情都好办一点，怕的是恨，不是爱。我希望你的宝宝会在爱中出世，在爱中成长。8月，你将有忍不住的欣喜。

他的名字叫做"人"

久别

妈妈从城里回来，小男孩挣脱保姆的手，沿着花径奔跑过来，两只手臂张开像迎风的翅膀。

妈妈蹲下来，也张开双臂。两个人在怒开的金盏菊畔，拥抱。小男孩吻吻妈妈的颈子、耳朵，直起身来瞧瞧久别的妈妈，又凑近吻妈妈的鼻子、眼睛。

妈妈想起临别时安安呕心沥血的哭喊、凄惨的哀求：

"妈妈——安安也要——进城去——买书——"

脸颊上还有眼泪的痕迹；这一场痛苦的久别毕竟只是前前后后6个小时。

妈妈牵着嫩嫩的小手，走向家门，一边轻声问：

"宝贝，妈妈不在的时候，你做了什么？"

其实不问也知道：吃午餐、玩汽车、与保姆格斗着不上厕所、到花园里去采黑草莓、骑三轮车、湿了裤子……

可是这小孩平静地回答:

"我想事情。"

妈妈差点扑哧笑出声来——两岁半的小孩"想事情"? 偷眼看看小男孩那庄重的神色,妈妈不敢轻率,忍住笑,问他:

"你想什么事情?"

"嗯——"小男孩庄重地回答,"我想,没有妈妈,怎么办。"

妈妈一怔,停了脚步,确定自己不曾听错之后,蹲下来,凝视孩子的眼睛。

安安平静地望着妈妈,好像刚刚说了"妈我口渴"一样的寻常。

快乐

"为什么一个男人忙于事业,就没有人想到要问他:你怎么照顾家庭? 为什么一个女人忙于事业,人们就认为她背弃了家庭? 这是什么白痴的双重标准? 为什么你公务繁忙是成功的表现,我公务繁忙就是野心太大、抛弃母职?"

咆哮了一阵之后,妈妈就背对着爸爸,不再理他。

安安拎着根细细的柳枝,从草丛深处冒出来,草比人高。

他看见爸爸在生火,腌好的烤肉搁在野餐桌上。他看见妈妈坐在草地上,阳光透过菩提树叶,一圈一圈摇摇晃晃地照着她的背脊。

"妈妈，你在干什么？"像个老朋友似地挨过去，和妈妈肩并肩。

"妈妈在——"做母亲的迟疑了一下，"在想事情。"

安安握着柳枝，做出钓鱼的姿态。

"想什么事情呀？"

"想——"

妈妈不知道怎么回答。她不愿意敷衍这小小的人儿，因为她觉得这不及草高的小小人儿是个独立而庄严的生命，她尊重。然而，她又怎么对两岁半的人解释：婚姻，和民主制度一样，只是人类在诸多制度中权衡利弊不得已的抉择；婚姻幸福的另一面无可避免的是个人自由意志的削减。她又怎么对两岁半的人解释：这个世界在歌颂母爱、崇敬女性的同时，拒绝给予女人机会去发挥她作为个人的潜力与欲望？她怎么对孩子说：妈妈正为人生的缺陷觉得懊恼？

"你在想什么，妈妈？"钓鱼的小男孩提醒深思的母亲。

母亲叹了口气，说："妈妈不快乐！"伸手去揽那小小的身体。

小伙伴却站直了身子，摸摸妈妈的脸颊，正经地说：

"妈妈不要不快乐。安安快乐，妈妈快乐。妈妈快乐，爸爸快乐。"

母亲像触了电似地抬起头来，不可置信地问："你说什么？你说什么？"

"安安很快乐呀。安安快乐，妈妈快乐。妈妈快乐，爸爸快乐。"

妈妈抱着头坐着，好久不动，像睡着了一样。她其实在倾听那草丛后面小溪淙淙的流声。那不说话、不讲理论的小溪。她终于站起来，拍拍身上的泥草，牵起小伙伴的手，往溪边走去。

"我们去找爸爸，"她说，"他一定在捡柴。"

你的眼睛里有我

"女娲就捡了很多很多五色石，就是有五种颜色的石头，又采了大把大把的芦苇，芦苇呀？就是一种长得很高的草，长在河边。我们院子里不是种着芒草吗？对，芦苇跟芒草长得很像。

"女娲就在石锅里头煮那五色石，用芦苇烧火。火很烫，五色石就被煮成石浆了。石浆呀？就和稀饭一样，对，和麦片粥一样，黏黏糊糊的……"

一个白雾蒙蒙的下午，母子面对面坐着。华安跨坐在妈妈腿上，手指绕着妈妈的长发。

"你记不记得女娲为什么要补天呢？"

安安沉吟了一下，说："下雨，共工。"

"对了，水神共工和火神打架，那火神的名字妈妈忘了——"

"祝融啦！妈妈笨。"

Bernhard Walther 摄影

脚踏车经过一片花开满地的平野。
将车往草地上一倒，就坐下来，
蒲公英年年都有，孩子那样幼小却只有一次。

"好，祝融，打架的时候把天戳了一个大洞，所以大水就从天上冲下来，把稻田冲坏了——稻田呀？

"草原那边有麦田对不对？稻田跟麦田很像，可是稻田里面灌了很多水——不是不是，不是共工灌的，是农夫灌的。那稻田哪，好香，风吹过的时候，像一阵绿色的波浪，推过来淡淡的清香……"

妈妈想起赤脚踩在田埂上那种湿润柔软的感觉，想起在月光下俯视稻浪起伏的心情。她曾经在一个不知名的小镇上、一个不知名的旅店中投宿。清晨，一股冷冽的清香流入窗隙，流入她的眼眉鼻息，她顺着香气醒过来，寻找清香来处，原来是窗外弥漫无边的稻田，半睡半醒地笼在白雾里……

"我讲到哪里了？哦，女娲看到人受苦，心里很疼，想救他们，所以去补天。可是安安，你记得人是谁做的吗？"

安安不回答，只是看着母亲的眼睛。

"女娲有一天飘到一个湖边，看见清水中映着自己的影子：长长黑亮的头发，润黄的皮肤，好看极了。她想，这美丽的地上没有像她一样的东西，太可惜了。

"所以嘛，她就坐在湖边，抓了把黏土，照着湖里头自己那个样子，开始捏起来。

"哎，安安，你怎么了？你是不是在听呀？不听我不讲了？！"

安安只是看着母亲的眼睛。

　　"女娲捏出了一个泥娃娃,然后,她对准了泥娃娃的鼻眼,这么轻轻地、长长地、温柔地,吹一口气,那泥娃娃,不得了,就动起来了。跳进女娲怀里,张开手臂紧紧抱着她的脖子,大叫'妈妈!妈妈!'女娲看见那泥娃娃长得就和湖中自己的影子一模一样。"

　　"安安,你到底在看什么?"

　　小男孩圆睁着眼,一眨也不眨,伸手就来摸妈妈的眼珠,妈妈闪开了。

　　"你在干什么,宝宝?"

　　宝宝情急地喊出来,"妈妈,不要动……"一边用两只手指撑开母亲的眼帘。

　　"你在看什么?"

　　"我在看——"安安专注地、深深地,凝视着母亲的眼睛,声音里透着惊异和喜悦,一个字一个字地宣布:

　　"妈妈,你的眼睛,眼珠,你的眼睛里有我,有安安,真的……"

　　说着说着激动起来,伸出手指就要去抚摸妈妈的眼珠——"真的,妈妈,两个眼睛里都有……"

　　妈妈笑了,她看见孩子眼瞳中映着自己的影像,清晰真切,像镜子,像湖里一泓清水。她对着孩子的眼瞳说:

　　"女娲欢欢喜喜地给泥娃娃取了个名字,一个很简单的名字,叫做'人'。"

啊！洋娃娃

　　安安背着小背包，看着海关人员神气的帽子，他没有注意爸爸那依依不舍的眼光。

　　"小东西，"爸爸蹲下来，大手捧着安安的脸颊，"到了台湾可别把爸爸忘记了。"

　　小东西一点不被爸爸的温情主义所动，他用德语说：

　　"爸比，我以后不要当垃圾工人了；我要做机场警察，好不好？"

　　爸爸看着母子俩手牵手地走过关卡，眼睛像条透明的绳索，紧紧系着两人纤弱的背影。

　　那背影，一会儿就被人群抹去了。

　　在飞机上，安安像飞行老手似的，坐下来就把安全带扣上，动作熟练。可是几分钟以后，他又玩起3岁小孩的游戏——眼睛凑在椅缝中，和前后左右的旅客玩躲猫猫。德国旅客倒也好脾气地逗着他玩。

"妈妈，这些德国人都去台湾吗？"

"不是。有的去巴基斯坦，有的去泰国，还有的去菲律宾。只有一部分去台湾。"

到了卡拉奇，上来了一些巴基斯坦和印度人。安安睁着眼睛，竖着耳朵

"妈妈，他们是什么人？讲什么话？"

"巴基斯坦人讲乌尔都语（Urdu）；印度人讲印度话，宝宝。"

宝宝站在椅子上观察了一下，点点头下结论：

"他们比较黑，妈妈。"

"对呀，因为这里比较热，太阳把皮肤晒黑了。"

"还有，妈妈，大概那泥土也比较黑。"

"什么泥土？"做妈妈的听迷糊了。

"泥土呀！"安安用手比着，作出捏弄的手势，"女娲在做他们的时候，大概用了比较黑的泥土，对不对？"

停在曼谷，黑发黑眼的旅客陆续进来。一个泰国小女孩，5岁吧，扎着蝴蝶辫子，挨过来，和华安静静地对看。

女孩开口说了什么，安安困惑地转头问：

"妈妈，她讲什么？她不是中国人吗？"

"不是，她是泰国人，讲泰国话。"

"很像，不是一样，宝宝。"妈妈想了一想，又说：

"你看那马跟驴子不也很像,但马是马,驴子是驴子嘛,是不是?"

"嗯!"安安同意了,再提醒妈妈:"还有苍蝇跟蜜蜂也很像,还有……还有狼跟狼狗很像,还有……鹭鸶跟鹤很像,还有……"

从马尼拉上机的人特别多。每个人手里都拎着挂着背着大包小包的东西:牛角、草帽、藤篮、烟酒礼品……每个人都带着兴奋的神色,大声地呼唤、交谈。机舱顿时像个百货市场。

"喂,你那瓶XO多少钱?"

"50美金,你的呢?"

"哇噻!我在机场免税商店买的,56块。上当了,一头撞死哦我!"

"小姐小姐,这是英文表格,我不会填怎么办?"

"张太太,没关系,护照拿来我帮你填。"

"拜托拜托,不要压到我的牛角……"

安安把头依在椅背上,圆亮的眼睛一眨都不敢眨,望着蠢动喧哗的人群,震惊得忘了说话。

回过神来,他轻声问妈妈:

"妈妈,这么多人——他们都说中国话。他们,都是中国人吗?"

妈妈忍不住笑了,她突然了解了小男孩的迷惑和震惊:在安

Bernhard Walther 摄影

在安安的世界里，天下只有一个人是说中国话的，
那就是他甜蜜的妈妈。
中国话，就是"妈妈的话"。

安的世界里，天下只有一个人是说中国话的，那就是他甜蜜的妈妈。中国话，就是"妈妈的话"。世界上所有其他人——幼稚园的小朋友、卖冰淇淋的大胖子、对街常给他巧克力的考夫曼太太、按门铃的邮差、秃头的油漆师傅、一身黑制服扫烟囱的人，当然，还有让他做马骑的爸爸——都是，都是说德国话的。

怎么，怎么这飞机上突然进来这么多这么多人，这些人全讲安安"妈妈的话"？

安安吃惊极了，又有点他自己不太理解的喜悦：这些人叽叽喳喳的话，他全听得懂！就好像那个国王，看见两只鹤在花园里散步，他突然发觉自己听懂了鹤的私语……

"好可爱的洋娃娃！"一个女人尖叫了一声，其他几个女人也凑了过来，围着惊魂未定的小男生。

"What is your name?"

"Where do you come from?"

女人七嘴八舌地和安安说话，用英语。

这一回，安安真被搞糊涂了，他转头问妈妈，声音里充满困惑：

"妈妈，她们为什么跟我讲英语？"

女人吓一大跳，又尖叫一声：

"哇！他会说中文！是中国小孩耶！好厉害……"

有人还不死心，坚持用英语问：

"What's your name?"

现在安安镇定下来了，他说：

"阿姨，我不会讲英文，我只会讲德语。你会不会？"

桃园有条长长的街，街中间坐着个大庙，庙这边叫庙前，庙那边叫庙后。舅妈告诉做客人的妈妈，可以到庙前庙后去买些衣服给安安。安安若有所思地问：

"妈妈，为什么龙行叫我妈妈'姑姑'，我叫他妈妈'舅妈?'为什么他叫奶奶'奶奶'，我叫奶奶'外婆'？为什么叫龙行的爸爸'舅舅'？为什么叫楚戈'舅舅'，叫隐地'叔叔'，那昨天那个大肚子的又变成'伯伯'？为什么——"

"嘘——"妈妈气急败坏地打断安安的质问，努力转移他的注意："计程车来了，我们先到庙后去。"

庙后的衣服店可真多哪，一家接着一家，走道上都挤满了衣服，安安欣喜地在布堆里团团转，忽隐忽现的。

"哎，阿玉啊，赶紧来看，还有一个洋娃娃！"看店的女孩大声招徕。妈妈一转身，发现安安已经在重重包围之中。有人摸他头发，有人牵他的手。

"眼睛好漂亮！ What's your name?"

妈妈来解围的时候，女孩子们恍然大悟地说：

"啊！原来是混血儿！"

现在妈妈也在重重包围中了：

"他爸爸是哪一国人？"

"你们住在哪里？"

"啊你们怎么会认识？在哪里认识的？"

"他爸爸漂不漂亮？几公分高？"

"为什么爸爸没有来？他在做什么事？"

"你们结婚多久了？要几个小孩子？"

"啊怎么小孩长得都不像你？"

胖胖的老板娘从里间出来，女孩子们让出一个空隙，老板娘说：

"这是你的团仔？"

我点点头。她大声说：

"那怎么可能？这团仔这么漂亮！"

走出小店，妈妈紧紧拉着安安小手，挥停了计程车。安安不高兴地抗议：

"我不要回家。舅妈说还有庙前，我还要去庙前的街呀！你也说要去的！"

"可爱的洋娃娃——"妈妈搂着扭来扭去的小小身体，长长叹了口气：

"妈妈受不了了！"

寻找幼稚园

5岁的表哥对3岁半的表弟说：

"那辆白色的警车给我！"

表弟不放手，急急地说：

"Nein, Nein, das gehört mir！"

"你已经玩很久了嘛！"表哥不高兴了。

"Du hast auch ein Auto."表弟也不高兴了。

妈妈忍不住将报纸放下，仔细听起表兄弟俩的对白。这又是一个新发现：安安竟然和龙行说德语！

为什么？他和外公外婆舅舅舅妈都说普通话呀！

这还是他们回到台湾的第一天。观察了两天之后，妈妈就恍然大悟了：在德国，安安每天上幼稚园。在他的世界里，所有的小人儿都是说德语的；德语就是沙坑、秋千、小汽车、吵架的语言。龙行也是个小人儿，这个小人儿却说不一样的话，真是矛盾极了。刚下飞机的安安一下子扭转不过来。

有一天早上，妈妈一边帮安安梳头，一边说：

"今天带你去幼稚园看看。"

安安有点紧张："是不是跟德国的幼稚园一样？"

"嗯——"做母亲的沉吟起来，她已经不记得自己的幼稚园年代了，虽然还记得破碎的儿歌词"排排坐、吃果果……"今天的孩子还"排排坐"吗？

手牵着手，妈妈紧张地看着轰隆轰隆川流不息的车辆，找不到空隙过街去。她觉得头昏心跳，手掌出汗，在路边支撑了很久，却看见对面穿制服的一个小萝卜头若无其事地穿梭过街。她终于也过去了。

园长带妈妈去看小班。妈妈首先注意到房舍的结构是台湾典型的"教室"，正正方方的一个房间，开着正正方方的窗和门。"教室"的布置也是她在台湾长大过程中所熟悉的：前面挂着黑板，对着黑板的是一列一列整齐的桌椅。此刻，小小教室里坐着密密麻麻的人。老师站在前面，正在教孩子们认字。

"还是排排坐，40年都没有变！"妈妈心里想着。在德国的幼稚园里，房间不像"教室"，倒像个家庭起居室。一个角落里是玩家家酒的地方，放着娃娃的床、衣柜、玩具厨房、小桌小椅。另一个角落里叠着厚厚的海绵垫，是聊天和翻滚的地方。右边的墙角下铺着一张地毯，玩积木造房子就在这张地毯上。左边的墙角下有一张矮胖的方桌，四周围着矮胖的小椅子，剪纸劳作就在这张桌上。

其他还有几落桌椅，散置各处。

清晨7点半，幼稚园开门。零星几个小把戏就被爸爸或妈妈送来了。来得这么早，多半因为爸妈两人都得上班。陆陆续续的，孩子越来越多。安安通常9点才到，看他起得多迟。到9点半，大概所有的同学都到了，总共有20个。

到了之后做什么？洁西卡坐到早餐桌上开始吃妈妈准备好的面包和乳酪；桌上已经摆着牛奶和果汁。丹尼尔快步冲到积木毯上，开始一天的巨大工程；瑞莎乖巧地挨到克拉太太身边去，要了把小剪刀，动手做纸灯笼；路易和多莉正在角落里扮演医生和护士，多莉怀里抱着一个生病的娃娃，很心疼的样子；玩组合玩具的卡尔和汤玛士正在怒目相视，马上就要厮打起来；华安正从墙边玩具柜里抽出一盒拼图，今天早上，就从这个开始吧！

"要来的孩子实在太多，我们校舍来不及建，所以，"园长正在向妈妈解释，"所以就挤了点。这个小班，现在一个老师带40个孩子。"

"我们校车一大早去巡回接小朋友，到校时间大约是早上8点。"园长指了指停车场上一列排开的娃娃车。

"8点到了之后做什么呢？"妈妈细细地问。

"8点到9点是自由活动时间，孩子们可以在操场上玩。9点开始上课——"

"上课？上什么课？"妈妈诧异地问，她看见教室里3岁大小

Bernhard Walther 摄影

在他的幼稚班上，小朋友像蜜蜂一样，
这儿一群、那儿一串，没有一个定点。
团体活动，倒也不是没有。
譬如体育，孩子们学着翻筋斗、跳马、玩大风吹；
譬如唱歌，孩子们围着弹吉他的老师边弹边唱。

的孩子，好像坐都坐不稳的样子。老师声嘶力竭地在说什么，娃娃们有的在说话，有的在扭动，有的在发呆。

"我们有认字课、美术、音乐、体育、算术，还有英文……早上三节课，每一节45分钟。"

这岂不是正规小学了吗？妈妈开始担心起来：华安从来还没有经历过"组织"性的团体生活，他不曾排过队伍，不曾和小朋友动作齐一地对"老师"一鞠躬，不曾照固定位置"排排坐"过，更不曾上过所谓的"课"。在他的幼稚班上，小朋友像蜜蜂一样，这儿一群、那儿一串，玩厌了拼图玩汽车，房间里头钻来钻去的小人儿，像蜜蜂在花丛里忙碌穿梭，没有一个定点。

团体活动，倒也不是没有。比如体育，孩子们学着翻筋斗、跳马、玩大风吹；比如唱歌，孩子们围着弹吉他的老师边弹边唱；比如画画，每个小人儿穿着色彩斑斑的兜兜坐在桌边涂抹。但是这些所谓团体活动，只不过是大家同时做同一件事情，并不要求规范和齐一。而且，不愿意加入的孩子尽可以独自在一旁做他愿意做的事情。

"他甚至还没有上课和下课这种时间规范的概念——"妈妈似乎有点抱歉地对园长解释，"在德国的幼稚园里，孩子们只有一件事，就是玩、玩、玩……"

正说着，老师带着小班萝卜头鱼贯而出。有些孩子们兴奋得控制不住，冲出门来，被园长一把逮住："不可以！操场是湿的，今天不可以出去玩！"

老师赶忙过来，七手八脚地把小逃犯归队。走廊下，40个小人儿手牵着手排成两列，等着，眼睛羡慕地望着操场那头正从滑梯上溜下来的华安；他的裤子和袜子早就湿了，妈妈知道。

"小朋友，手拉好，要走了！"老师大声地发号施令。

"去哪里呀？"妈妈惊讶着。

"上厕所。"园长说。

"集体上厕所？"妈妈呆呆地问。

"对，"园长耐心地解释，"孩子人数太多，如果上课的时间里，一下去这个，一下去那个，没办法控制。所以每一个小时由老师全体带去。上课中途尽量让小朋友克制。"

"哦！"妈妈心沉下来，这个，安安怎么做得到；他可是渴了就上厨房拿水喝、急了就自己上厕所、累了就到角落里自顾自看书的，他怎么适应这里空间、时间、和行为的种种规范？

妈妈沮丧地走出"精英幼稚园"。她真想让她的宝贝经验一下中国的幼稚教育，不只是学习语言，还有潜移默化的文化传承，都是她想给予华安的，然而那时间、空间、行为的三重规格又使她忐忑不安：这真是3岁的孩子需要的吗？

舅妈听了安安妈妈的叙述之后，安慰着说：

"没关系！在台北也有那种开放式的幼稚园，就和你说的德国幼稚园相似。不过很贵，听说平均一个月要 4000 多块。"

妈妈傻了眼："300 马克？"安安的幼稚园也只要 100 马克，而台湾人的平均所得是西德人的二分之一不到,这幼稚园岂不昂贵得离谱？为什么呢？

舅妈摇摇头，没有答案；她还没告诉妈妈，如果 3 岁的宝宝要加入儿童英语班、如果要加入天才钢琴班、如果要加入文豪作家班……她想想，算了算了，让妈妈和安安好好度假吧！

神话·迷信·信仰

安安踏进了一座庙，他的眼睛一亮。

这是一个充满了声、光、色彩、味觉的世界。道士手中的铃"叮铃叮铃"地响着，嘴里喃喃地唱着说着，和一个渺杳的世界私语。身上的红袍耀眼似光，和神案前跳跃的烛火彼此呼应。

那香啊，绵绵幽幽地燃着，青色的烟在清脆的铃声里穿梭着缭绕着上升。屋梁垂下金彩华丽的大灯笼，香烟回绕着灯笼。

在回廊边的小厢房里，一个红袍黑帽的道士对着床上一套旧衣服作法。那是一件男人的汗衫和短裤，都是白色的。面容忧戚的家属靠墙站着，看着道士摇铃，吟唱——他用哭的声音唱着：

"回来吧！回来吧！回来吧！"

道士拿着一个小碗，往旧衣服上喷水。

安安紧紧牵着妈妈的手，问："他们在做什么？"

妈妈不知道怎么回答。

从另一个小厢房里，传来婴儿的哭声。

一个脑后束着发髻的老妇人怀里抱着婴儿，婴儿年轻的母亲一脸烦恼地站在一旁。道士手里拿着铃，在婴儿的头上不停地旋转、旋转……

妈妈注意到那老妇人发髻油亮光滑，缀着一列润黄色的玉兰花，注意到那婴儿在苦热的七月天里密密包扎在厚毛毯中，孩子的脸红通通的，有点肿胀……

安安仰脸问妈妈："他们在做什么？"

妈妈不知道怎么回答。

安安踏进了一座教堂，他的眼睛一暗。

黑暗像一道铁做的闸门，一落下来就切开了门里门外两个世界。

门外是阳光灿烂的广场。喷泉的水放肆地冲向天空，又恶作剧地垮下来，喷溅回地上。游人像鸭子一样，伸着长长的脖子张望，瞪着好奇的大眼，露天咖啡座上满满是人，大人喝着热腾腾的咖啡，小孩舔着黏糊糊的冰淇淋。一个披着金发的女孩闭着眼睛，拉着她的小提琴，大胸脯的鸽子展翅飞来，停在她的琴盖盒上。小提琴的声音真像森林里的小河……

门里是幽暗的。

Bernhard Walther 摄影

神话。迷信。信仰。
妈妈没有答案，因为她自己迷惑了。

人们屏息噤声地穿过长廊，通往祭坛，那惟一有光的地方。阳光，穿过色彩斑斓的玻璃，在阴冷的板凳上投下那么温暖的光泽。小男孩站在黑暗里，仰头看那扇盛着阳光的彩色玻璃，数着颜色。他看了很久很久。

一转身，他看见墙上挂着一个巨大的东西，黑幢幢的，他揉一下眼睛。

墙上吊着一个人，比真人还要大很多，木头做的。没有穿衣服，只是腰间拦了块布。两手大大的张开，头垂下来。胸膛上全是血，好像还流着。

安安知道这个人是谁。

他紧紧牵着妈妈的手，用颤抖的、微弱的声音说：

"妈妈，他是真的还是假的？"

在幽幽的烛光中，妈妈说：

"他本来是真的人，但这个是木头做的，是假的。"

"妈妈，"小男孩紧紧挨着，噤声说："我们出去好不好？他们为什么把他弄得这么可怕？"

妈妈不知道怎么回答。

走出黑暗的闸门，阳光劈头倾泻下来，把小男孩的头发照得晶晶亮亮的。小提琴的乐声从喷泉那边袅袅飘来。

爸爸的大手递给安安一支肥胖蓬松的棉花糖，粉红色的。

妈妈其实是有答案的。

那个往旧衣服上洒水的道士，在"招魂"。渔村的人们，靠在大海的脚边生活。深邃奥秘的大海给予他们丰盛的生，也给予他们冷酷的死；大海不欠人任何解释。妈妈曾经在渔村沙滩上看见一条人腿，一条本来可能黝黑结实，现在却被盐水泡白泡肿的腿。

谁知道那条腿属于谁呢？

只是有的丈夫没有回来；有的儿子没有回来，回来的只是船，和这些丈夫、儿子有关的人，戚苦着脸，就到庙里头去找那黑帽红袍的使者，怀里夹着一包丈夫和儿子曾经穿过的、贴身的衣服。

那满脸通红的婴儿，大概已经哭闹了一天一夜。他的皮肤上也许长满了一粒一粒的痘子，他的舌头上也许冒出了一层白膜。或许他什么也没有，只是裹身的毛毯太厚太紧，使他喘不过气来。

可是他的"阿妈"认为他身上附了鬼气，受了惊骇。庙里那个镶了金牙的道士会帮孩子"收惊"。出门时，她在怀里攒了一个红包，不小的红包，因为道士在"收惊"之后，还会给她一小包香灰，给孩子泡奶吃下。

那吊在墙上、胸膛流着血的，本来是个"真"的人。他用他特别温暖厚实的手抚摸病人的脸；用他坚定诚恳的声音告诉手握石头的人们，爱比审判重要；用他身上的血和伤痕告诉软弱的人，牺牲有时候比生命还要高贵。

后来的人，不曾亲眼见过他的人，就用各种材料：木、石、土、塑胶……做成他的形象，架在公路边，让开车的人看见；放在山顶上，让路过的人仰望；吊在黑暗的墙上，让忏悔的人流泪。

也让一个3岁的孩子颤抖。

用五色彩石把天上的大洞补起来，将菜园里的大南瓜一指而变成金光闪闪的马车，人淹进水里转化成一株美丽的水仙花……人们说，这叫神话。

摇着铃把流浪的灵魂找回来，念一段经把鬼魂镇住，取一支签把人的一生说定……人们说，这叫迷信。

马利亚处女怀孕，基督在水上行走，瞎眼的人张亮了眼睛，坟破而死人复活……人们说，这叫信仰。

神话。迷信。信仰。

妈妈没有答案，因为她自己迷惑了。

安安在阳光下舔着粉红色的棉花糖。

教堂尖顶上飞下一只鸽子，颈上环着一圈绿光，摇摇摆摆地踱到小男孩脚边。

男子汉大丈夫

　　安安陪母亲到妇产科医生那儿去做例行检查。

　　褪下裙裤，妈妈坐上诊台，两腿大大的叉开。医生戴上了手套，取出工具。

　　"妈妈，"安安在门边说，"我也要看。"

　　石医师看了妈妈一眼，问着："你介意吗？"

　　妈妈想了一会，说："不介意。安安，你可以进来，但是不可以碰仪器。"

　　安安站在医生身旁，仰头，从一个新的角度看着妈妈。

　　"石医师，你在干什么？"

　　医生的手指伸进妈妈体内，安安睁大着眼睛。

　　"我在摸宝宝的头，看他长得好不好。"

　　妈妈的肚子圆滚滚的，听说里面有个小孩，等着出来和安安玩汽车。

　　"石医师，你现在在摸什么？"

　　主治大夫很和蔼地对安安笑了一下，"子宫呀！子宫就是宝宝在妈妈肚里的睡袋。你以前也在里面睡过。"

"石医师，那是什么东西？"

"这是一个小灯。你看，妈妈肚子里黑黑的，我用小灯照一照，就可以看见里面了。"

妈妈斜躺在那儿，听着一老一幼的对话，想起安安爱看的一本书——《人体的奥秘》。安安把手指放在图片上，嘴里喃喃自语——"吃的东西从这里进去——这是嘴巴——然后溜下来，这是食道——然后在这里拌一拌，里面有酸酸的味道，这是胃……在这里，哎呀！臭死了，这是大肠，拌一拌，变成大便了！出来了！"

今天，他又上了一堂奥秘人体的实习课。

医生把一种像浆糊似的黏液涂在妈妈光溜溜的肚子上，然后用个什么东西磨那浆糊。荧光幕上出现模糊的影子。

医生在量胎儿头的尺寸。

"石医师，您看得出是男是女吗？"妈妈问。

医生笑笑，有点奸诈的样子，说：

"我只看得出是个婴儿，看得出他没有两个头、六只脚。至于是男是女——您一定得知道吗？"

妈妈无所谓地摇摇头。

"对嘛！"石医师把超音波关掉，"人对这个世界已经掠取无度，您不觉得保留一点天机、一点对自然的惊讶，比较美好吗？"

妈妈有点诧异地、仔细端详着这个名气很大的德国医生；他显然向来不告诉产妇胎儿的性别。石医师大约有 50 岁，一头鬈曲的黑发下有一双特别柔和的眼睛。

"不要忘记吃每天的维他命……"医生一边嘱咐，一边记录检查结果。

"石医师，"妈妈突兀地插话，"您为人堕胎吗？"

医生愣了一下，摇头，"不，绝不。"

"为什么？"妈妈有打破砂锅问到底的习惯。

"我爱生！我只负责把生命迎接到这个世界上来；我不切断任何生命。"石医师回答得很干脆。

"那么，"妈妈迟疑地问，"我产后，您是否肯为我结扎呢？"

医生柔和的眼睛笑着，"如果您绝对坚持的话，我当然会做，但是，亲爱的安德烈斯的妈妈，我会花整个下午的时间试图说服您不要结扎——"

"为什么？我只要两个孩子。生了老二之后，我就 38 岁了，年龄也不小了。为什么不结扎？"妈妈真的诧异了。她回忆起美国人办的台安医院，在怀安安时，护士就例行公事似地问她产后要不要顺便结扎。

"因为，"石医师好整以暇地说，"结扎是无法挽回的。您想想看，人生无常，万一孩子出了事，您若想再生，结扎了就不可能

Bernhard Walther 摄影

安安和爸爸到医院把妈妈和初生的弟弟接回家。
妈妈惊讶地看见车库前一串婴儿的衣物
是邻居挂的，让那相识的不相识的过路人都停下来，
说："啊，又来了个小东西！"他们带着微笑走开。

了，那多可惜！您可以吃避孕药，或者装避孕装置，当然，最好的办法，是让男人结扎，因为男人结扎，不但手术简单，而且随时可以挽回……"

"像您这样的女性，"石医师正视着妈妈，"为什么不多生几个？"

妈妈张口结舌，说不出话来——"我我我——我已经38岁了——"

"38岁算什么！"医生很诚恳地说着，"您有能力抚养孩子，您有时间和智慧培养孩子……您这样的妇女不多生几个孩子，谁该生呢？"

"唉！"石医师似笑非笑地继续说，"你们这些解放了的女性最难缠！"

"您自己有几个孩子？"妈妈不服气地问。

医生笑笑："5个！"

"哦——"妈妈没有声音了。

一个阳光懒懒的下午，妈妈和几个三姑六婆在艾瑞卡家中喝咖啡。艾瑞卡的儿子已经读研究生了，周末回家来，像圣诞老公公驮着一大袋脏衣服，丢给妈妈洗。有写不出来的专题报告，艾瑞卡就到邻居家去为儿子求救——邻居中反正有的是经济学博士、心理学博士、医学博士、文学博士。

"要男人去结扎？"艾瑞卡差点打翻了咖啡，"当年我不能吃药，因为我对药物过敏，然后装了避孕环，阴道又不断地发炎，只好哀求我丈夫去结扎——你想他肯吗？"

三姑六婆全瞪大了眼睛，齐声问："不肯？"

艾瑞卡摇摇头："他宁可砍头！"

海蒂也摇摇头："我那一位也不肯。"

苏姗勇敢地下结论：

"男人对自己缺乏信心，他必须依赖'那个'东西来肯定自己。"

三姑六婆喝口咖啡，心有所感地点点头。

在当天的晚餐桌上，妈妈对爸爸特别殷勤，不但给爸爸准备了白葡萄酒和大虾，而且禁止安安爬在爸爸肩头吃饭。

吃过饭，爸爸正要推开椅子起身，被妈妈一把按住，她很严肃地说：

"你坐下。我有事情和你商量。"

"什么事？"爸爸脸色也变了。他一看妈妈表情就知道有什么灾祸要降临。他坐下。

妈妈小心地把石医师的话重述一遍，然后开始早就准备了一下午的说辞："所以最理想的办法，是男人去结扎……"

爸爸脸色舒缓过来，说："好，我去嘛！"

"男人结扎手术非常简单，几分钟就好，又不痛苦——"妈妈继续背诵。

"好嘛，我去结扎嘛！"

"而且，结扎并不影响男人的能力，你不要有什么心理障碍，有信心的男人——"

妈妈突然停下来，定定地看着爸爸，"你刚刚说什么？"

爸爸耸耸肩："我以为什么大不了的事情！我去结扎嘛！怎么这么啰嗦。"

他推开椅子，到客厅去找儿子玩。客厅响起父子俩追打的笑声。

妈妈呆呆地坐在椅子上。

渐行渐远

一个无聊的下午，安安说，妈妈，讲讲我小时候的故事吧！

妈妈说，好，你是个婴儿的时候，吃奶像打仗一样，小小两个巴掌，紧紧抓着妈妈的乳房，嘴巴拼命地吸奶，好像整个人悬在乳房上，怕一松手就要掉到海里去了。不到一分钟，就把奶吸得光光的，再去抢另外一只奶……

那个时候，你一天到晚粘在妈妈胸上。

后来呢？

后来，你会爬了，妈妈在哪个房间，你就爬到哪个房间，像只小狗。妈妈一离开你的视线，你就哭。

后来呢？

后来，你会走了，每天就让妈妈牵着手，走出前门，穿过街，到对面找弗瑞弟玩。

门铃响起来，在角落里玩汽车的华飞一边冲向门，一边嚷着："飞飞开，飞飞开！"

6岁的弗瑞弟站在门口："安安，赶快来，我妈在院子里发现了个蚂蚁窝……"

"蚂蚁？哦？"飞飞圆睁着眼睛。

弗瑞弟和安安已经冲上了街。两个人都赤着脚。妈妈来不及叫"过街之前要先看左右"，近3岁的飞飞也赶到了马路边。妈妈在后头喊："停！"

飞飞在路缘紧急煞车。

"有没有车？"

飞飞头向左转，向右转。

"没有。"

"跑！"

长着一头鬈毛的小皮球蹦蹦过了街。

妈妈走进厨房。她今天要烤一个香蕉蛋糕。栗子树青翠的叶子轻轻刮着玻璃窗，妈妈有点吃惊：这小树长这么高了吗？刚搬来的时候，比窗子还低呢！和煦的阳光透过玻璃，把晃动的叶影映在桌面。三支香蕉、两杯面粉、一个鸡蛋……

后来，安安就自己会过街了。这条街是个单行道，车不多，每半个小时有辆大巴士喘着气通过。飞飞爱那巴士的声音。有一次，妈妈在厨房里读着报纸，喝着咖啡，耳里不经意地听着巴士轰轰的声音由远渐近，然后，停了下来，就在厨房外边。妈妈啜一口咖啡，看一行字，突然跳了起来，转了几个弯，冲出门外，果不其然，一岁半的飞飞，个子还没一只狗儿的高度，立在街心，挡着大巴士，仰脸咕噜咕噜吸着奶瓶，眼睛看着高高坐着的司机。

后来，大概是安安离开幼稚园没几天的时候吧，他和弗瑞弟勾肩搭背地出现在妈妈面前："妈妈，我们可不可以自己去游戏场？"

妈妈呆住了。那个有沙堆、滑梯的游戏场离家也只不过400公尺吧？可是，孩子自己去？种种可怕的布局浮现在做母亲的脑里：性变态的男人会强奸小男孩、小女孩，会杀人弃尸；亡命之徒会绑架小孩、会撕票；主人没看好的狗会咬人，把肠子都拖出来；夏天的虎头蜂会叮人，叮死人……

"妈妈，可不可以？"有点不耐烦了，哥儿俩睨着这个三心二意的女人。

妈妈离开书桌，单脚跪在安安面前，这样两个人的眼睛就可以平视了。妈妈握着孩子的手，慢慢地说：

"你知道你只能走后面那条人行步道？"

安安点头。

"你知道你不可以跟陌生人去任何地方？"

"知道。"声音脆脆的，"他有糖我也不去。"

"如果，"妈妈说，"如果他说要带你去看兔子呢？"

小男孩摇头："也不去。"

妈妈站起来，摸摸孩子的头："好，你们去吧！"

两个人学着出草的番人，呼啸着追逐而去。

从此，安安就像一个云游四海、天涯飘荡的水手，一回家就报告他历险的过程。游戏场边有一片大草原，埋在草丛里全是土拨鼠。草原上一棵不知名的枯树，枝桠上永远停满了乌鸦，在那儿对着天空"嘎嘎"叫着。树丛里则有野兔，好大的耳朵，尾巴却那么短，身体很胖，有一只9斤重的猫那么大。秋千旁边那棵树，结满了绿色的豆豆，豆豆还附着一片像蜻蜓翅膀似的薄薄的笑，你把这豆子往天上一丢，它掉下来，那翅膀就一直转一直转，像降落的直升机，也像蝴蝶……

"妈妈，"一大早，安安竟然已经穿戴齐整，立在妈妈床前，"我想去幼稚园。"

妈妈扑哧笑了，"你已经毕业了，还去幼稚园？再过一个月，你要上小学了。"

安安赖着不走，非去不可。

蓬头垢面的妈妈穿着睡衣，坐在床沿，托着下巴看着儿子，心想：我的天！这家伙还不懂什么叫"毕业"！可是，回头想想，他怎么会懂呢？

20分钟之后，母子两人来到了幼稚园门口。安安眼睛闪着兴奋的光。这个地方，有他喜爱的朋友、他熟悉的玩具、角落、气味……

推开门，安安站住了。正在嗡嗡攒动的小萝卜头停下手中的活，回头看立在门口的人。安安伸手抓着母亲，有点慌乱地问：

"我的朋友呢？"

没有一张熟悉的脸庞。

"我的朋友呢？"

他困惑地看着妈妈，一边缩脚往门外倒退。

"你的朋友，安安，"妈妈把门掩上，"和你一样，长大了，离开幼稚园了，准备上小学了。"

安安低着头，用脚尖直蹭地，"他们——不会再来了吗？"

"不会再来了。幼稚园已经过去……"

小男孩怔怔地站着，哪里传来吉他和孩子们的歌声。半晌，他挣开母亲的手，两手塞进裤袋，径自往大门走去。

"妈妈，我们走吧！"

就在这个伤心的暑假，安安发现了地下室的麻布袋。

他们在玩警察抓小偷的游戏。安安和弗瑞弟是警察，全身披挂，树枝手枪插在腰间，绳索和钥匙吊在肩上。弗瑞弟的3岁半的妹妹是小偷，两只手被胡乱绑在一块；两岁半的飞飞是警犬，正在地上努力地爬，脖子里圈着一条红丝带。

小偷要被关起来。当警察打开牢房大门的时候，安安一眼就瞥到了角落里的麻布袋。

"你们是骗子，妈妈还有爸爸都是！"脸涨得红红的，安安气

Bernhard Walther 摄影

我们两个本来都是天上的小天使，
是上帝特别送给妈妈做女人的礼物。

愤地喊着，"圣诞老公公的胡子、衣服、帽子、面具……全部在里面。我全部都看见了看见了！"

妈妈和爸爸先愣了一下，然后相视而笑。他们早就等着这一天的到来，只是真到来了，却又稍稍有点慌乱。爸爸搁下手里的菜刀——这天是周末，是爸爸爱下厨的日子。他坐下来，把儿子搁在膝上，说：

"安德烈斯，听着，你老爸也是在你这么大的时候，在奶奶家的阁楼里发现了圣诞老公公的东西。没错，每年圣诞节在我们家花园出现的，不是尼古拉斯他本人，可是，我们并没有骗你——"

安安倔强地把脸撇开，表示对老爸的解释不屑一顾。

"——没有骗你，因为很久以前尼古拉斯是这么红衣红帽来到人间的，可是因为时间太久了，他也太老了，不能走这么远的路，冒着大雪来，我们做爸妈的就替他做工——你说这叫骗吗？"

安安渐渐平静下来。颈子里还系着红丝带的飞飞一蹦一蹦地闪进厨房，嘴里发出"汪汪汪"的吠声。安安眼珠子转动，从爸爸膝上跳下来，边跑边说：

"我去把老公公的东西藏起来，不要给弟弟看见！"

那天黄昏，安安和弗瑞弟关在房里听音乐、看图画书。录音机放着一支安安非常喜爱的歌……神用他的手，抚摸着大地，春草深又深……

妈妈听见安安幽幽的声音。

"弗瑞弟，你知道吗？我不相信这世界有神——"

"我想我也不相信——"弗瑞弟严肃地回答。

然后是翻书的声音。两个男孩都安静了。

妈妈走过他们的房门。

开学典礼一完，新学童背着花花绿绿的书包，在教室楼前歪歪斜斜闹哄哄地排成两行。从幼稚园消失的熟悉的脸孔又出现了。安安和小伙伴克利斯汀紧紧牵着手，兴奋地不安地等待着。爸爸妈妈，还有小鬈毛飞飞，立在家长人群中，也等待着。

突然一声铃响，像爆炸一样，空气被点燃了。老师像只花花的母鸡，在队伍前头张开两臂做栏杆，一年乙班的20个孩子，手牵着手，开始向教室大门迈进。

妈妈的眼睛锁在安安身上，看着他移动，新书包上各形各色的恐龙也跟着移动。这孩子，还这么瘦，这么小，那脸上的表情，还留着那吃奶婴儿的稚气……安安和恐龙往前走，走着走着，就没进了暗色的门里。

安安没有回头。

妈妈的眼睛，还兀自盯着那扇看不出有多么深邃、说不出有多么遥远的门，看着看着，看得眼睛都模糊了。

读《水浒》的小孩

讲完了一百回《西游记》之后，妈妈开始讲《水浒》。鲁智深那胖大和尚爱喝酒、爱吃狗肉，动不动就和人打群架，乐得安安哈哈大笑。

智深睡的时候，鼾声像打雷，半夜起来，就在那佛殿上大便小便——

安安捏着自己的鼻子，说："好臭。"可是咯咯笑个不停。

妈妈心中暗想：这书是不是要坏了我的生活教育？暂且说下去：那鲁智深哪，喝醉了酒，半夜里摇摇晃晃回到山庙，山门关了，他用拳头打门，砰砰砰砰像打鼓一样。敲了一会儿，扭过身来，看见门边一个金刚，大骂：

"你这个鸟大汉！不替我开门……"

跳上去就拆，把金刚的手折断了，拿那断手去打金刚的腿，打得扑扑扑，泥工和颜色都掉下来了……

安安圆睁着眼睛，听得入神。妈妈在想：呀，这不是和"文革"小将破四旧一样吗？

等到安安听见鲁智深将两个泼皮一脚踢到粪坑里头时,他笑得趴在床上,直不起身来。

少华山上有三个强人,带着七百个小喽罗,打家劫舍——

"什么是打架、节射?"

打家劫舍呀,就是一家一家去抢东西,强盗嘛!

安安点点头,妈妈继续:这三个强盗——嗯——三个好汉呀,一个是神机军师朱武,很聪明;第二个强盗——呃——好汉呀,是陈达;第三个好汉是用一口大杆刀的杨春。这些好汉住在山寨中,需要钱用的时候,就下山去要买路钱,记得李忠和周通吗?他们持兵器拦在山路上,喝道:"兀!那客人,会事的留下买路钱!"那客人中有人拿着刀来斗,一来一往斗了十几回合,小喽罗一齐拥上来,把那些过路的客人杀死大半,劫走了车子财物,好汉们唱着歌慢慢地上山……

安安蹙着眉尖,一动也不动不知在想什么,妈妈则声音越来越小。

讲到宋江和婆惜的那个晚上,妈妈就有点结结巴巴的紧张。

婆惜说,要我还你这个信不难,有三个条件:第一,你写张纸,任我改嫁。

妈妈瞥了6岁的小男孩一眼,说,这一条没什么不对,就是离婚证书嘛!他们不再相爱了,所以要分开。

安安点点头。

96

Bernhard Walther 摄影

而我，突然觉得人性是极容易判断的：
世上只有两种人，
好人和坏人；
喜欢孩子的都是好人，
不喜欢孩子的都是坏人。

第二条，我头上戴的，我身上穿的，家里使用的，虽都是你办的，也写一纸文书，不许你日后来讨。嗯，妈妈好像在自言自语似地说，这条也不过分，财产本来就该夫妻共有，分手的时候一人一半，对不对？

安安点点头，深表同意："我跟弟弟也是这样。"

第三条，梁山泊送你的一百两金子要送给我——这，就太贪心了，你说呢？

安安做出义愤填膺的表情，"对，好贪心的女人！"

宋江来掀被子，婆惜死不让，抢来抢去，拽出一把刀子来，宋江就抢在手里，婆惜见刀就大叫"黑三郎杀人啦！"叫第二声时，宋江——

妈妈住了嘴，眼睛盯着书本——"左手早按住那婆娘，右手却早刀落去；那婆娘颈子上只一勒，鲜血飞出，那妇人兀自吼哩。宋江怕她不死，再复一刀，那颗头伶伶仃仃落在枕头上……"

"怎么样了妈妈？"

哦——嗯——嗯——宋江一生气就把婆惜给杀了。妈妈说，匆匆掩起书，然后，官府要抓宋江，所以宋江就逃到梁山泊去了。晚安！睡觉了。

"妈妈，宋江也是个好汉吗？"灯关了之后，黑幽幽里安安发问。

妈妈将他被角扎好，亲了下他额头，轻声说："他不是好汉，好汉不杀人的。睡吧！"

"可是梁山泊上一百零八个都是好汉呀？！"安安不甘心地踢着被子。

"拜托——"妈妈拉长了声音，"明天再说好不好？"

明天，明天真是一眨眼就到；妈妈坐在儿子床头，眼睛盯着新的一段发呆。

"那妇人见头势不好，却待要叫，被武松揪倒来，两只脚踏住他两只胳膊，扯开胸脯衣裳。说时迟那时快，把尖刀去胸前只一剜，口里衔着刀，双手去挖开胸脯，抠出心肝五脏，供养在灵前；喀嚓一刀便割下那妇人头来，血流满地……"

后来，妈妈喝了一口水，说，因为潘金莲害死了武大，所以武松为哥哥报仇，杀死了潘金莲，也上山做强盗——呃——好汉去了。我们跳到第廿八回好吗？

武松被关着的时候，有个管营，就是管牢房的啦，天天给他送酒送肉来。后来才知道，原来这个管营在快活林开个酒肉店，利用牢房里的囚犯当保镖、打手，过路的人都要先得到他的许可才能去做生意，"那许多去处，每朝每日都有闲钱，月终也有两三百两银子……"

妈妈顿了一下，心想，这不就是地痞流氓黑手党在索取保护费吗？

管营的生意坏了，因为有个傻大个儿，外号叫蒋门神的，功夫比他还好,酒肉店的生意都被他抢去了。所以武松非帮忙不可。

"这就是为什么管营每天给武松送酒送肉!"妈妈若有所思地看着安安。

安安带着期待的兴奋,问:"那武松去打了吗?打了吗?"

武松就喝了很多酒,醉醺醺地闯到蒋家酒店,把蒋门神的酒店打个稀烂,把蒋门神打个半死……

"不行!"妈妈突然"叭"一声盖上书,神情坚决,站了起来,"安安,这武松简直就是个四肢发达头脑简单的地痞流氓,他根本不是英雄,《水浒传》我们不读了,换换换!换书!"安安苦苦哀求,做妈妈的不为所动,不知道在对谁生气似地关了灯,走出了房门。

藉口还在找书,妈妈有好几个晚上没说书。有一天下午,妈妈坐在二楼书房里写什么东西,耳里忽有忽无的听着窗下孩子们嬉闹的声音。突然,她停下笔来,孩子们似乎在和过街的老人谈话,其中有安安的声音,不清楚在说些什么。

过了一会儿,又是孩子们和过街的老人交谈的叽叽喳喳声。重复几回之后,妈妈实在好奇了。她趴在窗上,伸出半个身子往下看。

6岁的安安和对门5岁的弗瑞弟,各人手里挥舞着用竹竿和破布扎起的旗子,站在人行道的两边。一个提着菜篮的老妇人蹒跚而来,两个小男孩拦在她面前,把旗子交叉,挡着路,安安用

清脆的德语说:

"嘿! 过路的客人,留下买路钱! 我们兄弟们需要点盘缠! "

老妇人呵呵呵笑起来,说:"哎呀! 光天化日之下碰到强盗! 我没有钱,可是有巧克力,行不行? 求求你们! "

两条好汉睁着晶亮的眼睛,看着老妇人枯槁的手臂伸进菜篮子里。

"好,放行! "安安威武地施发口令;两支旗子撤回,让出路来。

这条街的一端是个老人院,另一端是个超级市场;安安显然专找老人下手。

在两个强盗尚未来得及逮到下一个老人之前,妈妈已经离开了窗口,赤脚飞奔下楼,夺门而出气急败坏地,正要破口大骂,安安兴高采烈地迎上来,一边挥舞着旗子,一边大声说:

"妈妈妈妈——你看你看,我们打家劫舍了好多巧克力;弗瑞弟也有功劳……"

一只老鼠

星期天早餐桌上，穿着睡袍的妈妈喝着咖啡，眼睛盯着桌上摊开的报纸。

"得——得——蒙——"

安安挤在妈妈身边，用手指着报上的字，"得——蒙——斯——斯——"

"你挡着我了，安安！"妈妈试图把安安推开。

"妈妈，"安安眼睛一刻不曾离开手指按着的那个字，"妈妈，得——蒙——斯——特拉——特拉——熊是什么？"

"哦！"

"Demonstration，"妈妈说，"是示威游行。"

"你可以让我安静地看报纸吗？"

"卡——卡——皮——土土土——拉——"安安根本没听见，他的手指和眼睛移到另一块，"卡皮土拉——拉熊——是什么？"

"Ka－pi－u－la－tion，"妈妈说，"是投降的意思。"

"哥——哥——匪——"不等他念完，妈妈已经把报纸抽走，躲到厕所去了。

这是安安最新的游戏，自今年8月上小学以来。坐在餐桌上，他的眼睛盯着桌上的果汁盒，"欧——润——精——沙——夫——特——啊，柳丁汁。"结结巴巴的，很正确的，一个音节一个音节的发音。走在马路上，他看着身躯庞大的公车，"孤——特——摸——根——啊——"他恍然大悟地惊喜："早安嘛！"家中有客人来访，他紧迫地盯着客人的胸部，两眼直直地自语：

"堵——必——是——"

客人转身，他跟着溜到前头。"堵——必——是——豆——豆——腐——"

哈哈哈哈哈，他笑，笑得在地上打滚，"堵必是豆腐，你是个蠢蛋！堵必是豆腐……"

那种快乐，确实像一个瞎子突然看见了世界，用张开的眼睛。妈妈瞅着在地上像驴子打滚的小男孩，突然想到，或许幼稚园里不教认字是对的，急什么呢？童年那么短，那么珍贵。现在，20个孩子从ABCD一块儿出发，抢先认了字的孩子，大概有两三个吧，反而坐在教室里发呆。其他的小伙伴们叽叽喳喳兴奋地发现字的世界。

《经济学人》周刊上有个统计数字让妈妈眼睛亮了一下。一年级学童每个星期要花多少时间在家庭作业上？美国：1.8小时。日本：3.7小时。中国台湾：8小时。

"我的天！"妈妈暗叫一声。她开始计算安安写作业的时间。

Bernhard Walther 摄影

淡水河的水，像丝——多希望那水是干净的；
想想看，到了淡水河畔，弯下腰去掬一口水上来喝……。
我们搭渡船到八里看林怀民的《射日》。
这两个在异国成长的孩子可知道他们的身世和淡水河的关系？
什么是异国？
母亲的异国是他们的故乡，他们的故乡是母亲的异国。

花花绿绿、四四方方一个大书包,里头通常只有一本笔记本和一盒笔。课本都留在学校里,"背回来太重了,老师说。"每天的作业,是一张纸,上面要写四行字,用粗粗的蜡笔写一张,每一个字母都有一个鹅卵石那么大,也就是说,一整面写完,如果是写驴子ESEL这个字,4行总共也不过是 16 个字。

安安在 30 分钟之内就可以写完。如果他在椅子上扭来扭去,踢踢桌子、踢踢椅子,在本子上画一辆汽车两只狗;如果他突然开始玩铅笔、折飞机、数树林里捡来的栗子,如果他开始"走神"的话,时间当然要长一点。但是他真正花在家庭作业上的时间,每天最多不过 30 分钟,也就是说,每周 5 天,总共 150 分钟,也就是2 小时,比美国稍微多一点点,但是你得知道,美国孩子一般下午3 点才下课,安安可是每天上午 11 点半就放学了。

然后就是自己玩的时间。玩,玩,玩。每年回台湾,妈妈得为安安和飞飞到法兰克福台湾代表处申请签证。申请书上总有一栏,问此申请人职业为何? 妈妈规矩地填上"玩玩玩"。申请人访台目的? "玩玩玩"。如果有一栏问申请人专长,妈妈想必也会填上"玩玩玩"。

台湾7岁的孩子要花8个小时写作业吗? 妈妈有健忘症,已经不记得多少自己的童年往事。惟一印象深刻的,是自己多么不愿意写作业。为了作业而说谎是她变坏的第一步。她总是面红耳赤地低着头小声说,"作业忘在家里了",却不知道,同样的谎言多次就会失效，王友五老师要她当场离开教室回家去取。

她一路哭着走回家，经过一条小桥，桥下一弯小河，游着几只乳黄的鸭子。她想是不是自己跳下去淹死就不必写作业了。回到家，她跪在沙发上，开始祈祷，大概是求上帝把这一天整个抹消，就像老师用粉笔擦把黑板上的字擦掉一样。她在沙发上哭着睡着，睡到天黑。

11点半放学，安安走路回家。开始的几个月，妈妈总是在后面跟着，像侦探一样，监视他是否在每一个十字路口都停下来看两边来车，是否走在人行道的范围以内……一回到家，就开始做功课。

"昨天的作业得了几只老鼠？"

书桌旁有一张为妈妈放的椅子。

"一只。"安安打开本子。昨天的字写得歪歪斜斜的，角落里盖着一个蓝色的老鼠印章。当然只值得一只老鼠，你昨天一面写一面在玩那个唐老鸭橡皮擦对不对？你能不能专心一点？一个时候只做一件事，做完一件事再做另一件，懂不懂？做不做得到？嗯？把那本漫画拿开，等一下再看，拜托，你听见了没有？我数到三你再不动……

安安终于写完了四行大字，递给妈妈。红红蓝蓝的满是颜色。妈妈瞄了一眼，说："这最后一行写得不怎么好，那个N都超过格子了。"

安安抿着嘴。

龙应台摄影

早春，苹果树开着淡淡的花，
风一吹就轻飘飘飞起来。
出去走一趟回来，飞飞的车篷上就沾着细细的花瓣。

"这样吧！"妈妈继续，"另外拿张白纸，你就补写这一行怎么样？这样才会得三只老鼠。"

安安白净的脸蛋开始涨红。

妈妈从抽屉中抽出一张纸，"来，我帮你把线画好，很简单嘛，一行就好——"

"为什么？"安安忍不住了，生气地注视着母亲，从椅子上滑下来，大声嚷着，"为什么我要再多写一行？你总是要我写得好、写得漂亮，我只是一个小孩，我没办法写得像你那么好——"

泪水涌上了他的眼睛，他咆哮着说："你总要我得两只老鼠三只老鼠、这么好那么好，我有时候也要得一只老鼠——我也有权利得一只老鼠，就得一只老鼠呀……"

妈妈被他情绪的爆发吓了一跳，坐在那儿半天说不出话来。

两个人都沉默着。

半晌，妈妈搁下手中的纸，用手背抹了抹安安的眼泪，叹了口气，说：

"好吧！就一只老鼠。你去玩吧！"

安安默默地收拾东西，把书包扣好，走向门口。到了门口，却又回身来对还发着呆的妈妈说：

"有时候我可以拿三只老鼠。"他走了出去，"有时候。"

葛格和底笛

1

吃晚饭的时候到了，安安却不见踪影。

妈妈扯着喉咙呼叫了一阵子之后，开始寻找。游戏间灯还亮着，散着一地的玩具。沙发垫子全被卸了下来，东一块西一块地搭成一座城堡。安安在哪里？刚刚还在城堡底下钻来钻去。

3岁的弟弟（念做"底笛"）已经坐在自己的位子上，两条腿晃着晃着。哥哥（念做"葛格"）吃饭罗！

草地上都结了冰，天也黑了，安安不可能在花园里。这孩子野到哪里去了？妈妈渐渐生起气来。

卧房黑着，妈妈捻亮了灯，赫然发现安安蜷曲在被子里头，脸埋在枕头上，只露出一点脑后的头发。

生病了吗？妈妈坐到床上，掀开被子，把孩子扳过来。

安安一脸的眼泪。枕头也是湿的。

"怎么了？"妈妈惊异地问。

不说话。新的泪水又沁沁涌出来。

"到底怎么了？你说话呀！"

摇摇头，不说话，一脸倔强。

妈妈就知道了，现在需要的不是语言。她把安安抱起来，搂在怀里，像搂一个婴儿一样。安安的头靠在妈妈肩上，胸贴着妈妈的胸。安静着。

过了一会儿，妈妈轻声说："现在可以说了吗？谁对你不起了？"

安安坐直身子，揉揉眼睛，有点不好意思地说："没有啦！只是看到你刚刚去抱弟弟那个样子，你一直在亲他，看着他笑……我觉得你比较爱弟弟……"

妈妈斜睨着安安，半笑不笑地说：

"你现在还这么觉得吗？"

安安潮湿的眼睛微微笑了，把头埋在母亲颈间，紧紧紧紧地搂着。

2

妈妈不是没有准备的。

安安近4岁的时候，妈妈的肚子已经大得不像话，好像一个随时要掉下来的大西瓜。安安把耳朵贴在这个大西瓜上，仔细听

Bernhard Walther 摄影

妈妈听说过许多恐怖故事，都跟老二的出生有关；
老大用枕头闷死老二，老大在背后拧着老二的手臂，
老大把熟睡中的老二推下床去，老大用铅笔刺老二的屁股，
老大用牙齿咬老二的鼻子……
"你爱我吗，底笛？"安安问。
"爱呀！"飞飞说，不假思索地。

III

里头的声音；听说里头那个家伙会游泳，有点儿笨，可是长得还可爱。我们两个本来都是天上的小天使，是上帝特别送给妈妈做女人的礼物。最重要的是，里面那个家伙出来的时候，会给我从天上带个礼物来。

飞飞从肚子里头出来的时候，果真带来了一个给哥哥的礼物：一辆会翻筋斗的越野跑车。安安觉得，这婴儿虽然哭声大得吓人，可是挺讲信用的，还可以忍受。

妈妈听说过许多恐怖故事，都跟老二的出生有关。老大用枕头闷死老二；老大在大人背后把老二的手臂拧得一块青一块紫；老大把熟睡中的老二从床上推下去；老大用铅笔刺老二的屁股；老大用牙齿咬老二的鼻子……

妈妈私下希望那从子宫里带出来的越野跑车会软化老大的心，不让他恶从胆边生，干下不可弥补的罪行。从医院回到家中之后，她就有点提心吊胆的，等着贺客上门。

住对面的艾瑞卡第一个来按铃。妈妈斜躺在客厅沙发上，正搂着婴儿喂着奶，当然是妈妈自己身上的奶。艾瑞卡手里有两包礼物，一踩进客厅就问："老大呢？"

安安从书堆里抬起头，看见礼物眼睛一亮。

艾瑞卡半蹲在他面前，递过礼物，说：

"今天是来看新宝宝的，可是安安是老大，安安更重要。艾瑞卡先给你礼物，然后才去看弟弟，你同意吗？"

安安愉快地同意了，快手快脚地拆着礼物。艾瑞卡向妈妈那儿走去。

"你怎么这么聪明？"妈妈又是感激，又是佩服。

"哎呀——"艾瑞卡把"呀"拖得长长的，一面用手无限温柔地抚着新生婴儿柔软若丝的头发，"这可太重要啦！我老二出生的时候啊，老大差点把他给谋杀了，用枕头压，屁股还坐在上面呢！用指头掐，打耳光，用铅笔尖……无所不用其极哩……"

她压低了声音说："小东西真真美极了……"

临走时，艾瑞卡在大门口又亲了亲安安，大声对妈妈说着："我觉得还是老大比较漂亮，你说呢？"

然后摇摇手，离去。

此后，妈妈发现，人类分两种：那做过父母的，而且养过两个孩子以上的，多半和艾瑞卡一样，来看婴儿时，不会忘记多带一份给老大的礼。那不曾做过父母或只有独生儿女的，只带来一份礼。

他们一进门就问：

"Baby 在哪里？"

为他们开门的，只比他们膝盖高一点点的老大，站在门边阴影里。

他们大步走向婴儿小床，低下头去发出热烈的赞赏的声音：

"看那睫毛，多么长，多么浓密！看那头发，哇，一生下来

Bernhard Walther 摄影

飞飞出世，我开始了解什么叫命运。

从同一个子宫出来，出来的一刻就是两个不同个性的人。

安安吸吮时穷凶极"饿"，飞飞却慢条斯理。

因为是第一个孩子，曾经独占父母的爱和整个世界而后又被迫学习分享，

安安的人生态度是紧张的、易怒的、敏感的；

也因为是老大，他是个成熟而有主见的人，带领着小的。

而飞飞，既然从不曾尝过独占的滋味，

既然一生下来就得和别人分享一切，他遂有个"随你给我什么"的好脾气；

他轻松、快乐、四肢发达而头脑简单，他没有老大的包袱。

他因此更容易得到别人的爱，

别人大量的爱又使他更轻松、快乐、随意、简单。这就是命运。

就那么多头发，多么细，多么柔软！看看看！看那小手，肥肥短短的可爱死了……"

客人努起嘴唇，发出"啧啧"的亲嘴声，不时"哦——耶——啊"做出无限爱怜的各种表情。

老大远远地看着。

客人把礼物打开："你看，浅蓝的颜色，最好的质料呢！Baby的皮肤嫩，最配了……"

"来来来，让我抱抱Baby……"

客人抱起香香软软的娃娃，来回踱着，嘴里开始哼起摇篮曲，眼睛眯起来，流露出万分沉醉的柔情蜜意。

老大在远处的台阶上坐下来，手支着下巴，看着这边。

直到走，客人都没注意到客厅里还有另外一个孩子，一个他本来认识的孩子。

晚上，该刷牙了，老大爬上小椅子，面对着洗手台上的镜子，左看看，右看看，看自己。

"嗯？"妈妈好奇地瞅着。

"妈妈，"老大的眼睛不离开镜子里的自己，"妈妈，我的睫毛不长吗？"他眨眨眼睛。

"长呀！"

"不密吗？"

"密呀！你怎么了？"

"妈妈，"他的眼睛有点困惑地盯着自己，"我的头发不软吗？我的手，妈妈，我的手不可爱吗？……"

妈妈放下了手中的梳子，把老大拥进怀里，竟觉得心酸起来。

3

那香香软软的娃娃开始长成一个白白胖胖的小鬈毛。一头鬈发下面是一双圆溜溜的大眼睛，睁开来看见世界就笑。妈妈看着他，觉得自己像被一块大磁铁吸住了，怎么也离不开那巨大的魔力。她着迷似地想吻他，帮他穿小衣服时、喂他吃麦片时、为他洗澡时、牵着他手学走路时，无时无刻她不在吻着娃娃的头发、脸颊、脖子、肩膀、肚子、屁股、腿、脚指头……她就这么不看时间、不看地点、忘了自己是谁地吻着那肥嘟嘟的小鬈毛。

同时，老大变得麻烦起来。

该刷牙的时候，他不刷牙。妈妈先用哄的，然后用劝的，然后开始尖声喊叫，然后开始威胁"一、二、三"，然后，妈妈把头梳拿在手上，老大挨打了。他哼哼啊啊地哭着，这才蹬上了小椅子，开始刷牙。

该吃饭的时候，他不吃饭。

"我不吃。"他环抱着手臂，很"酷"地扬起下巴，表示坚决。

"为什么？"

"我不饿。"

"不饿也要吃。定时定量还需要解释吗？"妈妈开始觉得这6岁的孩子真是不可理喻，都6岁了！

那两岁的小鬈毛一旁快乐地吃着麦片，唏哩哗啦地发出猪食的声响。他抬起脸，一脸都是粘粘糊糊的麦片，妈妈扑哧笑了出来。

"我不吃。"老大再度宣布。

妈妈整了整脸色，开始劝，然后开始尖声斥喝，然后开始威胁"一、二、三"，然后，妈妈把木匙拿在手里，老大挨打了。他哼哼啊啊地哭着，这才开始低头吃饭，眼泪扑簌簌落在饭里。

妈妈觉得累极了。她气急败坏地说：

"从起床、穿衣、刷牙、洗脸、吃饭……每一件事都要我用尽力气缠30分钟你才肯去做——我怎么受得了啊你？"

她用手扯着前额一撮头发："你看见没有？妈妈满头白发，都是累出来的，你替我想想好不好？妈妈老死了，你就没有妈了……"

老大止住了眼泪，只是低着头。

"哥哥笨蛋！"

那小的突然冒出一句刚学来的话，在这节骨眼用上了。妈妈忍俊不禁想笑，看看老大紧绷的脸，只好打住。

"哥哥该打。"

小的觑着妈妈掩藏的笑意,讨好地再加上一句,大眼睛闪着狡狯的光。妈妈再也忍不住大笑起来。老大涨红了脸,推开盘子,愤然站起来,走了出去。

妈妈愣了一下,赶紧跟了过去。

4

"你比较爱弟弟。"

安安斩钉截铁地说,两手抄在裤袋里。

妈妈坐在楼梯的一阶,面对着他,一手支着下巴。

"你说说看我怎么比较爱弟弟。"

"他可以不刷牙,他可以不吃饭,他可以不洗脸……他什么都可以我什么都不可以!"

"安安,"妈妈尽量温柔地说,"他才两岁;你两岁的时候也是什么都可以的。"

老大不可置信地望着妈妈:"我两岁的时候也那么坏吗?"

"更坏。"妈妈把稍微有点松动的老大拉过来,让他坐在自己膝上,"你两岁的时候,家里只有你一个小孩,你以为你是国王,天不怕地不怕的。现在弟弟什么都得和你分,可是你小的时候,爸爸妈妈和全部的世界就属于你一个人。所以你那时候比现在的弟弟还坏哪！"

"哦——"老大似乎是理解了，又似乎是在缅怀过去那美好的时光。

"妈妈问你，现在新衣服都是买给谁的？"

小鬈毛也早来到一旁，跪在地板上玩汽车，嘴里不时发出"嘟嘟"的声音。

"我。"

"对呀！弟弟穿的全是你穿过的旧衣服对不对？"

老大点点头。他已经没有气了，但他享受着坐在妈妈膝上暂时独占她的快乐。

"好，每个星期五下午妈妈带谁去看戏？"

"带我。"

"好，晚上讲《西游记》、《水浒传》、侯文咏《顽皮故事》、小野的《绿树懒人》——是给谁讲的？"

"给我。"

"冬天爸爸要带去阿尔卑斯山滑雪的是谁？"

"我。"

"谁可以用那个天文望远镜看月亮？"

"我。"

"安安，"妈妈把儿子扳过来，四目相对，"有些事是6岁的人可以做的，有些是两岁的人可以做的。对不对？"

"对，"儿子点头，"可是，我有时候好羡慕弟弟，好想跟他一样……"

"这么说——"妈妈认真地想了想，问道："你要不要也穿纸尿裤呢？"

"啊——"安安惊跳起来，两只手指捏着鼻子，觉得很可笑地说："不要不要不要——"

他傍着小鬈毛趴在地上，手里推着一辆火柴盒大小的警车，口里发出"打滴打滴"的警笛声，和弟弟的载猪车来来回回配合着。

两个头颅并在一起，妈妈注意到，两人头发的颜色竟是一模一样的。

5

妈妈在花园里工作。她把郁金香和水仙的种子埋进地里，希望春天来时，园子里会有风信子的香味。郁金香不香，但那花花绿绿的蓓蕾十分美丽，而且拇指姑娘应该就是从郁金香的蓓蕾里长出来的。

穿过厨房，她没忘记往热气腾腾的烤箱望一眼，时候还没到，在洗手的时候，飞飞踱到她身边，有事没事地叫了声"妈妈"。她"嗯"了一声，径自走出洗手间，想想，什么地方不对，又回

120

过头来，往下仔细地看了看小鬈毛。

她呆了。

老二身上的套头毛衣上全是洞，大大小小歪七竖八的洞，剪刀剪出来的洞。灯芯绒裤腿被剪成碎条子，像当年嬉皮穿的须须牛仔裤一样，一条长一条短。

老二一身破烂不堪的衣服，像个叫化子似地站在那里。他在那儿微笑着，脸上还刚巧粘着一粒饭。

"你你你——"妈妈倒抽一口凉气，这才又看见他的袜子也剪了几个大洞，露出脚指头。

老二天使似地微笑着："哥哥弄的呀！"

妈妈从喉咙里发出一种野兽呻吟的声音，冲上楼去，猛力推开安安的房门；安安正坐在地上组合一艘船。

"安安。"妈妈极凶狠地大声吼着。

"嗯？"安安扬起脸。

"弟弟身上的衣服是谁剪的？"妈妈庞大的身躯堵在门口，两手叉着腰。

老大欲言又止，瞥了妈妈一眼，把头低下去，半晌，幽幽地说：

"妈妈，对不起。"

"对不起也没有用，你暴殄天物——"想想孩子大概听不懂，妈妈连珠炮般接下去："你破坏东西呀你人家索马利亚的孩子饿死了你还会把好好的衣服剪坏而且剪刀伤了人怎么办你究竟在打什么主意你？"

"本来，"安安喏喏地小声地说，"本来是想试试那把新剪刀有多利……"

"后来呢？"妈妈竟然又想笑了。

"后来……我也不知道哇……不知道怎么就剪了那么多洞……我气他。"声音小得快听不见了。

"什么？"妈妈以为没听清楚。

"我气他。"

挂着一身破布的老二从妈妈腿后钻了过来，挨着老大坐下。

"把手伸出来。"妈妈说。

老大很快地把手藏在衣服里，连声说："不要打不要打……"老二伸出两手环抱着哥哥的头，把整个身子覆在哥哥身上，大声叫着："不要打不要打……"

两兄弟相依为命地抱成一团。再抬起头来时，发现妈妈已经不在那儿了。

一屋子的蛋糕香气。

高玩

　　安安和弗瑞弟关在房间里，安静了很久。太久了，妈妈就觉得有点不对劲。敲敲门。

　　"等一下等一下。"里头窸窸窣窣显然一阵慌乱。

　　房门终于打开的时候，安安一只手还扯着裤带，弗瑞弟则根本把裤子给穿反了。

　　妈妈看着两个人尴尬的神色，好奇极了：

　　"你们在做什么？"

　　"没什么啦！"安安边系皮带，边说，"我们只是……"

　　"？"

　　"我们只是，"安安顿一下，似乎在思考妈妈是不是个可以说实话的对象，"我们只是在研究我们的挤急。"

　　"哦——"妈妈笑了，但不敢大笑，稍微小心地问："研究结果怎么样？"

　　看见妈妈有兴趣，安安兴奋起来，一把抓过弗瑞弟，"妈妈，你知道吗？我的挤急跟别人都不一样，弗瑞弟，把你裤子脱掉。

我的挤急很肥，圆圆的，别人的都是前面细细尖尖的，快点嘛弗瑞弟，让我妈妈看看你的挤急——"

两个小男孩七手八脚地把裤子拉扯下来，妈妈不看都不行。一看，果真安安的挤急又肥又圆，弗瑞弟的又尖又细。

"你知道吗？妈妈，我跟同学一起比赛尿尿，他们的尿都是一条线，射得长长的，我的就像洗澡的那个那个什么——？"

"莲蓬？"

"对，像莲蓬一样，我的尿是洒开的。"

"那是因为你的挤急开过刀，记得吗？"妈妈弯下腰来帮忙孩子把裤子穿上。

"我知道，以前洞太小，所以医生把它开大了，现在像莲蓬一样。弗瑞弟，你懂吗？"

妈妈咚咚下楼去。7岁的安安检查自己和弗瑞弟的挤急，好像还没见过他研究弗瑞弟的妹妹。小白菜今年4岁，是3岁半的飞飞的女朋友。飞飞倒是观察敏锐。前几天，当他和小白菜一块儿洗澡的时候，他就已经慎重地下过断语：

"妈妈，小白菜没有挤急。"

妈妈正坐在马桶盖上看书；孩子们在澡缸里的时候，她总是坐在马桶盖上看书。

"妈妈也没有挤急。"飞飞又说，然后对着澡缸里的白菜翻译一次："Patricia, meine Mami hat auch Kein Penis."

Bernhard Walther 摄影

小白菜是飞飞的女朋友。
如果是周末，晚饭后他们就一起刷牙、上床。
他们穿着睡衣，肩并肩躺在被子里，左右各搂着一个毛茸茸的小熊。
一会儿就睡着了。

满脸泡沫的小白菜点点头，一副接受批评的样子。

妈妈想起飞飞在台湾的小表姊嘟嘟。和飞飞只差几天的嘟嘟在澡缸里看见了飞飞的挤急，湿漉漉的爬出澡缸，奔向母亲，气急败坏地话都说不清了："妈妈，飞飞跟嘟嘟一样大，为什么他的挤急已经长出来了我的还没有？"

飞飞对生理学的认识，完全来自澡缸。和妈妈一块儿泡着水，那是更小的时候，他突然盯着妈妈的左胸，"妈妈，这是什么？"

妈妈说："这，叫'奶奶'。"

飞飞扑哧笑出声来，伸手去摸妈妈右胸，说："那这，叫'爷爷'！"

妈妈正愣在那里，飞飞已经低着头探索自己，自言自语地："飞飞也有奶奶和爷爷，嗯，比较小。"

这个世界，常令两岁的飞飞觉得意外。比如有一天，他看见妈妈要冲澡前自身上取下一片卫生棉。

"妈妈，"他迈着肥肥的腿踱过来，好看仔细些，"妈妈，你也用尿布哇？"

"哈哈哈哈——"一旁正穿着衣服的安安大声笑着，"底笛，那不是尿布，那是月经啦！你看上面有血——"

"有血啊——"飞飞的声音充满敬畏，轻轻地，"妈妈你流血啦？"

"没有啦底笛这个血不痛的！"生理学权威葛格很有耐心地解释："妈妈肚子里有卵，卵就是蛋——"

"就是蛋——"

"卵排出来，就是血——"

"就是血——"

"一个月一次——"

"一次——"

"妈妈！"安安突然想起来什么似的，隔着唏哩哗啦的水声扯着喉咙说："男人有没有蛋呢？"

"没有——"妈妈在唏哩哗啦的莲蓬下喊回去，"男人有精子你不是看过书吗？精子碰到卵就变成你和底笛——"

"可是我有卵蛋呀！"

"你说什么听不见啦！"

"我是说妈妈，"安安走近淋浴的毛玻璃，用喊的，"我也有蛋呀，两个，在挤急的下面。"

"哦！"关水，开门，"毛巾给我，安安。"

"飞飞给飞飞给！"小的抢着。

"那是睾丸，安安。"

"高玩？"安安想了一下，拾起拖鞋往外走，边走边念："高玩高玩高玩……"

Bernhard Walther 摄影

"妈妈，"他迈着肥肥的腿踱过来，
"妈妈，你也用尿布吗？"
"哈哈哈哈——"一旁正穿着衣服的安安大声笑着，
"底笛，那不是尿布，那是月经啦！你看上面有血——"
"有血啊——"飞飞的声音充满敬畏，轻轻地，
"妈妈你流血啦？"

放学

安安上小学了。半年之后，妈妈觉得他可以自己走回家，不必再用车接了，毕竟只是 15 分钟、拐三个弯的路程。

15 分钟过去了，又过了一个 15 分钟。妈妈开始不安。放学 45 分钟之后，她打电话给米夏儿——米夏儿是锡兰和德国的混血儿，安安的死党：

"米夏儿，安安还没到家，你知道他在哪儿吗？"

"我们一起离开教室的呀，我到家，他跟克利斯就继续走啦！"米夏儿声音嫩嫩的。

妈妈紧接着打下一个电话：

"克利斯，你已经到家了？那安安呢？"

"我们一起走的呀！我到家，他就跟史提方继续走啦！"

看看钟，距离放学时刻已经近乎一个小时。妈妈虎着脸拨电话："史提方，你也到家了？安安呢？"

"不知道哇！"史提方是个胖孩子，嘴里模糊不清，好像正嚼着东西，"我到家，他就自己走啦！"

一个小时十分之后，妈妈拎起汽车钥匙，正准备出门巡逻，门铃响了。

安安抬头，看见母亲生气的脸孔，惊讶地问："怎么啦？"

"怎么啦？"妈妈简直气结，"怎么啦？还问怎么啦！你过来给我坐下！"

安安卸下背上的书包，嘟着嘴在妈妈指定的沙发角坐下。他的球鞋一层泥，裤膝上一团灰，指甲里全是黑的。

"你到哪里去了？"审问开始。

"没有呀！"安安睁大眼睛。

"只要15分钟的路，你走了一小时十分，你做了什么？"

"真的没有呀！"安安渐渐生气起来，声音开始急促，"我跟米夏儿、克利斯、史提方一起走，就这样一路走回家，哪里都没去，什么都没做呀？！"他气愤地站了起来。

妈妈有点气短；看样子孩子没说谎，可是15分钟的路怎么会用掉70分钟？

"安安，妈妈只是担心，怕你被车子撞了，被坏人拐了，你晚到妈妈害怕，懂吗？"

点点头，"我知道，可是我真的哪里都没有去。"

好吧，洗手吃饭吧！

以后的日子里，妈妈又紧张过好几次，用电话追踪来追踪去，然后安安又一脸无辜地出现在门口。有一次，他回来得特别晚，大概在放学过后一个半小时。妈妈愤怒地把门打开，看见安安一头大汗，身子歪向一边，"妈妈帮忙！赶快！"他说。

他的一只手提着一个很重的东西，重得他直不起身来。妈妈接过来一看，是个断掉的什么机器里头的螺旋，铁做的，锈得一塌糊涂，很沉，起码有 10 公斤重。

妈妈呆呆地望着孩子，暂时忘记了生气："你你你这是哪来的？"

安安用袖子擦汗，又热又累两颊通红，却很高兴妈妈问了，十分得意地说：

"学校旁边有个工地，从那儿捡来的！"说完捶捶自己的肩。

"你——"妈妈看看地上那块 10 公斤重的废铁，觉得不可置信，"就这么一路把它给提回来啦？"

"对呀！"安安蹲下来，费劲地用两手抱起废铁，"就我一个人耶！不过我休息了好几次。"

说完一脚就要跨进门去，被妈妈挡住，"等一下，你要干什么？"

"把它带进去放好呀！"安安不解。

妈妈摇摇头，"不行，放到花园松树下去，不要带进屋子里。"

安安兴冲冲地往花园跑，勾着小小的身子搂着他那 10 公斤重的废铁。

妈妈决定亲眼看看孩子怎么走那 15 分钟、三个拐弯的路程。

11 点半，钟敲了。孩子们像满天麻雀似地冲出来，叽叽喳喳吵得像一锅滚水。孩子往千百个不同的方向奔跑跳跃，坐在长凳上的妈妈好不容易才盯住了安安，还有安安的死党。

四个小男生在前头走（都是男生，安安不跟女生玩的），妈妈在后头跟着，隔着一段距离。经过一截短墙，小男生一个接一个爬上去，惊险地走几步，跳下来；再爬上去，惊险地走几步，跳下来……11 点 45。

经过一个庭院深深的大铁门，里头传出威武的狼狗叫声。米夏儿已经转弯，现在只有三个男生了。三个男生蹑手蹑脚地走向大铁门，一接近铁门，狼狗扑过来，小男生尖叫着撤退，尖叫声中混着刺激的狂喜。狼狗安静下来，小男生又开始蹑手蹑脚地摸向大铁门……狂喜尖叫地撤退。妈妈看看手腕，12 点整。

克利斯转弯，这已到了板栗街。安安和史提方突然四肢着地，肩并肩，头颅依着头颅的在研究地面上什么东西。他们跪趴在地上，背上突出着正方形的书包，像乌龟背着硬壳。

地面上有一只黑色的蚂蚁，蚂蚁正用它的细手细脚，试图将一只死掉的金头绿眼苍蝇拖走。死苍蝇的体积比蚂蚁起码大上 20 倍，蚂蚁工作得非常辛苦。

妈妈很辛苦地等着。12 点 15 分。

史提方转弯。再见再见，明天下午我去你家玩。

安安踽踽独行，背着他花花绿绿的书包，两只手插在裤袋里，嘴里吹着不成调子的口哨。

差不多了吧！妈妈想，再转弯就是咱们的麦河街。

安安住脚。他看见了一片美好的远景：一块工地。他奔跑过去。

Oh, My God！妈妈心一沉。工地上乱七八糟，木板、油漆桶、铁钉、扫把、刷子、塑料……安安用脚踢来翻去，聚精会神地搜索宝藏。他终于看中了什么：一根约两公尺长的木条，他握住木条中段，继续往前走。

12点25。

在离家还有三个门的地方，那是米勒太太的家，安安停下来，停在一株大松树下，仰头往上张望。这一回，妈妈知道他在等什么。松树上住着两只红毛松鼠，经常在树干上来来去去地追逐。有时候，它们一动也不动的，就贴在那树干上，瞪着晶亮的圆眼看来来往往的路人。

现在，两只松鼠就这么定在树干上，安安仰首立在矮篱外，他们彼此用晶亮圆滚的眼睛瞅着对方，安静得好像可以听到彼此的心跳。

在距离放学时间一个小时零五分之后，7岁半的安安抵达了家门口。他把一只两公尺长的木条搁在地上，腾出手来按了门铃。

什么事也没有发生

1

春天来了你怎么知道？

妈妈还睡着，朦胧中似乎有几百个幼稚园的小孩聚在窗外尽情地嘶喊，聒噪极了。睡眼惺忪地瞄瞄钟，4点半，天还暗着呢！她翻个身，又沉进枕头里。在黑暗的覆盖中，她张开耳朵；在窗外鼓噪的是数不清的鸟，是春天那忍不住的声音。

于是天亮得越来越早，天黑得越来越晚。在蓝得很干净、很阔气的天空里，常常掠过一只大鸟。它通常落脚在屋顶的一角，休息片刻，然后噼叭打着翅膀，又飞起来。当它翅膀拍打的声音传到书房里，妈妈就搁下手里的活，把身子探出窗外，睁大眼睛牢牢看着大鸟飞行的体态和线条。

大鸟是黑色的，展翅时，却露出雪白的腹部，黑白相间，划过蓝色的天幕，啊——妈妈发出赞美的叹息，然后注意到，嘿，大鸟嘴里衔着一支长长瘦瘦的树枝，是筑巢的季节哩！

席慕蓉摄影

"妈妈你知道吗？我又看到我的 baby 鸟了。"
"什么你的鸟？"
"就是在我的阳台上孵出来的小鸟，
我前天在葛瑞家的阳台上又看到了，
只是它长成大鸟了。"

　　"应台，"对门的罗萨先生说，"Elster的巢好像就筑在你家松树上呢！你不把它弄掉吗？"

　　"Elster？"妈妈惊喜地说，"那个漂亮的长尾大鸟就叫Elster吗？"

　　"漂亮？"罗萨摇摇他的白头，对妈妈的无知似乎有点无可奈何，"这鸟最坏了！它自己不会唱歌，就专找会唱歌的小鸟下毒手。你不知道吗？它专门把声音悦耳的小鸟巢弄坏。Elster越多，能唱歌的鸟就越少。"

　　安安推着单车进来，接口，"妈妈，Elster还是小偷呢！"

　　"怎么偷！偷什么？"

　　小男生把单车支好，抹把汗，"它呀，比如说，你把什么耳环放在阳台上，它就会把耳环衔走，藏到它的窝里去！"

　　妈妈纵声笑出来：有这样的鸟吗？它要耳环干嘛？！

　　罗萨先生走了，安安说："我的阳台上有个鸟窝。"

　　"什么？"妈妈心里想，那个阳台上大概由于阳光特别充足，上次发现了三个蜂窝，这回又来了什么。

　　"窗子上面有个鸟窝，里面有三个蛋，白色的。"

　　母子三人蹑手蹑脚地摸上了阳台。飞飞脸上的表情告诉你眼前正有重大事件发生，安安有点矜持，不愿显得太骄傲。妈妈爬上凳子，伸长了脖子——杂草和细枝编出了一个圆盆，是个很齐整的鸟窝，可是里头真有东西吗？

"妈妈我也要看！"飞飞扯着妈妈的裙摆。

"嘘——"

妈妈再靠近一点，吓，触了电一样，她的目光碰上了母鸟的目光。稀疏松软的细毛下有一对浑圆黑亮的眼睛，母鸟一动也不动地瞪着惊愕的妈妈。

妈妈有点手足无措，觉得自己太冒昧，像一个粗汉闯进了静谧的产房。

"妈妈我也要看——"飞飞开始不耐地骚动。

妈妈小心翼翼地抱起飞飞，尽量不发出声响。

"是妈妈鸟。"飞飞对着妈妈的耳朵轻声说，一只手紧紧搂着她的脖子。

三个人偷偷摸摸地离开阳台，关门的时候，安安老气横秋地说："底笛，我们以后不可以到阳台上玩，会吵它们，你懂吗？"

飞飞敬畏地点点头，"会吵它们。"

"不知道是什么鸟——"妈妈下楼时自言自语。

"Elster还是杜鹃来捣乱，"安安说，"就糟了。"

"哦？"妈妈说，"杜鹃会怎么样？"

杜鹃啼血，多么美丽哀怨的鸟，多么诗情画意的名字。

"杜鹃呀？"安安忿忿地说，"你不知道呀妈妈？杜鹃好坏哟，它自己懒，不做窝，然后把蛋偷偷下在人家的窝里，把人家的蛋丢掉！你说坏不坏？"

妈妈瞥了一眼义愤填膺的孩子，心里笑起来：上了一年级开始认字之后，他的知识来源就不只限于妈妈了。

"还有妈妈，"安安顺势坐到母亲膝上，"别的妈妈鸟不知道窝里的蛋被偷换过了，它就去坐——"

"孵啦，"妈妈说，"不是'坐'，是孵。"

"夫？它就去夫，夫出小鸟以后，妈妈你知道吗？杜鹃的小鸟生下来就坏，它一出来，就把别的 baby 鸟——"

安安气忿地站起来，伸手做推的姿势，"把别的小鸟推出去，让它们跌死！"

"跌死！"飞飞说，神情极严肃。

"还有妈妈，你知道吗？"安安表情柔和下来，"可是现在鸟妈妈都知道了杜鹃的——杜鹃的——什么？"

"诡计。"

"鬼计，都知道了杜鹃的鬼计，它们已经小心了。"

"什么呀！"妈妈瞅着他忍不住笑起来，这是什么动物进化论！鸟类还会搞联合阵线吗？

"真的妈妈！"安安说。

"真的妈妈！"飞飞说。

在院子里种番茄的时候，妈妈下意识地抬头望望松树顶，松树浓绿的针叶上缀满了麦色的松果，看不见 Elster 的巢。阳光刷亮了松果，像圣诞树上黄澄澄的金球。

"妈妈，"安安两手捧着泥土，"我们不把 Elster 的窝弄掉吗？它跟杜鹃一样坏。"

"一样坏。"飞飞说，低着头用十个手指扒土。

"不必吧！"

妈妈把番茄和黄瓜的幼苗分开，这一落给安安种，这一落给飞飞种，谁种的谁就要负责浇水，黄昏时候浇水，喏，这是安安的壶，那是飞飞的壶。

"为什么呢妈妈？为什么不把坏鸟的窝弄掉？"

妈妈边浇水，边想，边说：

"因为它们是鸟，我们是人，人说的好坏不一定是鸟的好坏，还是让鸟自己管自己吧！"

"蚯蚓——妈妈—— 一只蚯蚓——"

飞飞大声喊着。

2

雨，松动了泥土，震动了泥土中的蚯蚓。

太阳就从黑云隙缝中喷射出来，释放出一道一道一束一束的光。妈妈和孩子们走在草原上一条不及两公尺宽的小路，远远看去，他们的身影仿佛穿梭在光束与光束之间，仿佛在光雨中飘忽。

　　泥土中的蚯蚓全钻了出来，散步的人们发现，小路上全是迷失了方向的蚯蚓；它们离开了泥，辗转爬上了小路的柏油路面，大概由于不熟悉路面的坚硬，就忘了自己究竟来自哪里，要往哪里去；它们搁浅在小路上，被不知情的自行车轮和脚步轧过。

　　安安和飞飞手中各持细枝，弯下身来，用细枝小心地将蚯蚓软软的身体挑起，然后往路边用力一抖，蚯蚓就掉到小路边的草丛里去了。

　　一只、一只、一只、又一只，妈妈……孩子的声音在草原上传得老远，特别清脆。

　　黑云消散了之后，小路亮得耀眼。妈妈用手微遮着眼睛。

3

　　"妈妈妈妈妈妈——"

　　一群孩子拍打着妈妈书房的门，喊叫的声音一声比一声急迫。

　　"干嘛？"妈妈开了一个缝，很凶，"不是说不能吵我有任何事都找可蒂？"

　　"对不起妈妈，"安安很有教养地却又一派敢作敢当的气概，"花园里有一只小老鼠——"

　　"Eine Maus！"弗瑞弟帮着腔。他比安安矮半个头。

　　"Eine Kleine Maus！"飞飞的女朋友小白菜认真地说。她比

140

哥哥弗瑞弟矮半个头。

"一只老鼠——"飞飞傻傻地笑着。他比4岁半的小白菜矮半个头。

妈妈手指间还夹着笔，把门又掩了二寸，不怀好意地问"老鼠要吃你们吗?

"没有，"安安说，"它被垃圾桶卡住了，不能动了——好可怜哟! "

"Arme Maus! "弗瑞弟说。

"Arme Maus! "小白菜说。

"好可怜哟! "飞飞说。

"妈妈没有时间，"门，只剩下一条缝和妈妈的眼睛，"你们找可蒂去解决问题! "

"可蒂会把它打死，妈妈，上次她就打死了一只在花园里——"

……

"妈妈拜托嘛，去救它嘛! "安安说。

"Bitte bitte……"弗瑞弟说。

"Bitte bitte……"小白菜说。

"去救它嘛……"飞飞说。

妈妈长长叹了口气，把门打开。孩子们发出欢呼，争先恐后地冲向前去带路。

垃圾桶,其实是个专用来化解有机垃圾的大塑胶桶,里头装的是剩菜残饭和剪下来的树枝草叶。桶底圈上有个小洞,大概能塞进两个大拇指的深浅。一小截肉体在那儿抽动。

妈妈蹲下来,围绕着她的孩子在身后又害怕、又兴奋,屏住呼吸,睁大眼睛。这一小团灰糊糊的、软趴趴的东西,一时还看不出是一只老鼠的哪一部分。头在哪里? 脚在哪里? 究竟从哪里开始?

妈妈这个女人,不怕任何有骨骼的东西: 蜘蛛、蟑螂、老鼠、任何种类和长相的虫……她从不尖叫也不晕倒。惟一让她全身发软的,是那没有骨头的爬虫类: 蛇。见到蛇的画片,她就蒙起自己的眼睛,说她要昏倒了。见到真正蠕动的蛇,她就会发出恐怖的歇斯底里的尖叫,然后一头栽倒,昏死过去。

现在,她冷静地研究眼前这团东西。她小心地用树枝把洞旁的腐叶挑开,发现小老鼠的头深深插进洞里,埋进了半个身体,卡得很紧。剩下的一截,也就是后腿和细长如鞋带的尾巴,在空中胡乱地挣扎。但老鼠完全昏了头,死命往前蹭蹬,越用力当然就越往死洞里塞进去。

孩子们悄声讨论: 它会不会死? 它怎么进的? 它是宝宝老鼠吗? 它好软哦……

它实在很软,软得让妈妈觉得头皮发麻。她先用两根树枝想用筷子夹红烧肉的方法将老鼠活生生夹出来,老鼠卡得太紧,夹不出来。再用点力，势必要流血。难道，难道，得用手指把它给拖出来吗？呃——够恶心的，那是团毛茸茸、软绵绵、抽搐着的半截老鼠肉……怎么办呢？

老鼠踢着空气，时不时停止了踢动，显然力气不足了。

妈妈以两只手指掐住那鞋带似的尾巴末端，试试看能不能把那家伙拖出来。尾巴和她手指接触的刹那，她挡不住那股恶心的麻感"哇"一声尖叫起来，吓得四个小朋友往后翻倒，小白菜大哭出声。

拉尾巴，或是拉脚——呃，那脚上有细细的指爪——结果一定是尾巴、脚断了，身体还夹在里面。

妈妈安抚好小白菜，下定了决心。

安安奉命取了张报纸来。妈妈撕下一片，包住老鼠身体，咬着下唇，忍住心里翻腾上来一阵一阵麻麻的恶心，她用手指握紧了老鼠的身体——一、二、三、拔——孩子们惊叫出声，往后奔逃，妈妈骇然跳起，老鼠从妈妈手中窜走，所有的动作在闪电的一刻发生……

孩子们定下神来，追到篱笆边，叽叽喳喳七嘴八舌：在哪里在哪里？你看你看它的眼睛好圆好黑……

妈妈站在垃圾桶边，手里还拎着皱皱的报纸；她觉得全身起鸡皮疙瘩。

4

盛夏，整个北京城响着蝉鸣。穿短裤球鞋的妈妈骑着自行车穿梭大街小巷，到市场买菜、听北京人卷着舌头说话、和小贩吵架，看起来她在做这个那个事情，其实她心里的耳朵一直专注地做一件事：听蝉鸣。那样骄纵聒噪的蝉鸣，整个城像个上了发条的闹钟，响了就停不住。仅只为了这放肆的蝉鸣，妈妈就可以喜欢这个城市。

妈妈一个人逛市场。买了个烙饼，边走边啃，发觉北京的茄子竟然是圆的，葱粗大得像蒜，番茄长得倒像苹果，黑糊糊的的东西叫炒肝，天哪，竟然是早点：调羹不叫调羹，叫"勺"理发师拿着剃刀坐在土路边的板凳上等着客人……

她突然停住脚步。

有一个细细的、幽幽然的声音，穿过嘈杂的市声向她萦绕而来。

不是蝉。是什么呢？她东张西望着。

一个打着瞌睡的锁匠前，悬着一串串拳头大小的细竹笼，声音从那里放出来。妈妈凑近瞧瞧，嘿，是蟋蟀——蝈蝈！

打瞌睡的人睁开眼睛说：蝈蝈，一块钱一个，喂它西瓜皮，能活两个月。

妈妈踏上自行车回家，腰间皮带上系着两个小竹笼，晃来晃去的。

刚从动物园回来的孩子正在说熊猫。"妈妈"安安说："有一只熊猫这样——

他把两只手托着自己的下巴，做出娇懒的样子。

"这是什么东西？"飞飞大叫起来。

"安安，"妈妈解下竹笼，搁在桌上，"你说这是什么？"

两兄弟把脸趴在桌面上，好奇地往笼里端详。

"嗯——"安安皱着眉，"这不是螳螂！因为螳螂有很大的前脚，这不是蚱蜢，因为它比蚱蜢身体大，这也不是蝉，因为蝉有透明的翅膀……是蟋蟀吗妈妈？"

"对，"妈妈微笑着，"北京人叫蝈蝈。"

"叫哥哥？"飞飞歪着头问。

黄昏出去散步，兄弟俩胸前脖子上都圈着条红丝线，丝线系着个小竹笼，竹笼跟着小兄弟的身体晃来晃去。

入夜，小兄弟闭上眼睛，浓密而长的睫毛覆盖下来，使他们的脸庞甜蜜得像天使。蝈蝈开始叫，在安静的夜里，那叫声荡着一种电磁韵律。小兄弟沉沉地睡着，隔着的妈妈却听了一夜的叫哥哥。

早餐后，兄弟俩又晃着竹笼出门。经过一片草坪，三两个小孩和大人用网子正捕捉什么。小兄弟停下脚步观看。

"外国小孩好漂亮！"手里拿着网子的一个妈妈踱近来，"您是他们的阿姨吗？"

在北京，"阿姨"就是保姆或者佣人的意思。妈妈笑着回答：

"是啊，我是他们的保姆，也是仆人，还是他们的清洁妇、厨娘。"

"来，送给你一只。"一个大一点的孩子对安安伸出手，手指间捏着一只硕大的蜻蜓。

安安却不去接。这么肥大的蜻蜓他可没见过，他犹豫着。

"我要我要——"飞飞叫着。

"不行，"妈妈说，"你会把它弄死。"她小心地接过蜻蜓，像小时候那样熟稔地夹住翅膀。

走了一段之后，妈妈说："你们看够了吗？我们把蜻蜓放了好不好？"

好！

放了的蜻蜓跌在地上，大概翅膀麻痹了。挣扎了一会，它才飞走。孩子的眼睛跟随着它的高度转。

"妈妈，"安安解下胸前的小竹笼，"我要把我的蝈蝈也放了。"

他蹲在路边，撕开竹笼，把蝈蝈倒出来。蝈蝈噗一声摔进草丛，一动也不动。安安四肢着地，有点焦急地说：

"走啊！走啊蝈蝈！回家呀！不要再给人抓到了！"

蝈蝈不知是听懂了，还是受到那熟悉的草味的刺激，它真抬起腿来开始迈动，有点艰难，但不一会儿就没入了草丛深处。

安安如释重负地直起身来，转头对飞飞说："底笛，把你的也放了吧？它好可怜！"

"不要不要不要——"飞飞赶紧两手环抱竹笼，拼命似地大喊。

Bernhard Walther 摄影

她着迷似地想吻他，
帮他穿小衣服时、喂他吃麦片时、
为他洗澡时、牵着他手学走路时、
无时无刻她不在吻着娃娃的头发、脸颊、脖子、肩膀、肚子、屁股、腿、脚趾头……

5

回到欧洲已是秋天。苹果熟得撑不住了，噗突噗突掉到草地上，有些还滚到路面上来。

妈妈把自行车靠着一株树干，眼睛寻找着最红最大的苹果。满山遍野都是熟透了红透了的苹果，果农一般不在乎那踏青的人摘走一两颗。妈妈给小兄弟俩和爸爸一人一个苹果，然后弯身从草地上捡起几个。

走，去喂马。

马，就在前面转角。有一只棕色的马把头伸出来要吃飞飞手里的苹果，飞飞不高兴地骂着：

"嘿——这是我的苹果，你吃你的，地上捡的。"

安安搁下单车，有点胆怯地把一个苹果递过去，马迫不及待地伸出舌头，"啪啦"一声就将苹果卷进嘴里。咀嚼时，苹果汁不断地从马嘴涌流出来，散发出浓浓的酸香。

回程是上坡，爸爸力气大，背着飞飞早不见踪影。妈妈和安安推着车，边走边聊天。

"妈妈你知道吗？我又看到我的 baby 鸟了。"

"什么你的鸟？"

"就是在我阳台上出来的小鸟，我前天在葛瑞家的阳台上又看到了，只是它长成大鸟了。"

妈妈很有兴味地低头看着儿子："你怎么知道那一只就是你阳台上的 baby 鸟呢？"

"知道呀！"安安很笃定地，"它胸前也是红色的，而且看我的眼光很熟悉。"

"哦！"妈妈会意地点点头。

"嘘——"安安停住车，悄声说，"妈妈你看——"

人家草坪上，枫树下，一只刺猬正向他们晃过来。它走得很慢，头低着，寻寻觅觅似的。

妈妈目不转睛地看着那个家伙，也悄声说："它们通常是晚上出来的，这是我第一次在大白天这么清楚地看一只刺猬……"

"我也是。"

"它看起来软软的，使人想抱——"

"对，可是它全身是刺——妈妈，"安安突然拉着母亲的手，"它等一下会全身卷成一个有刺的球，因为我看到那边有只猫走过来了……"

妈妈寻找猫的身影，猫蹿上了枫树，刺猬一耸一耸地钻进了草丛。

秋天的阳光拉长了树的影子，什么事也没有发生，但是安安和妈妈很愉快地推着车，因为他们第一次将刺猬看个够、看个饱。

触电的小牛

　　一个秋天的下午，阳光懒懒地照进窗来，浓浓的花生油似的黄色阳光。所以那么油黄，是因为窗外木兰树的叶子金黄了，落了一地，好像有人用黄色的毯子将草地盖了起来。

　　飞飞刚刚气呼呼地回来，不跟小白菜玩了，为什么？因为她哭了。她为什么哭？因为我踢她。你为什么踢她？她一直叫我做狗狗，她不肯做狗狗，然后我做可爱小猫咪，然后她不肯，我就踢她……

　　妈妈躺在沙发上看一本名叫《一个台湾老朽作家的五十年代》的书，百般无聊的飞飞把头挡在书前，"不给你看，"他说，"跟我玩。"

　　他爬上沙发，把身体趴在母亲身上。

　　阳光刷亮了他的头发，妈妈搂着他，吻他的头发、额头、睫毛、脸颊、鼻子……飞飞用两只短短的手臂勾着妈妈的脖子，突然使力地吻妈妈的唇。

　　"粘住了！"妈妈说，"分不开了！"

　　飞飞睁着圆滚滚的眼睛，突然说：

"我们结婚吧！"

妈妈好像被呛到一样，又是惊诧又是笑，笑得喘不过气来。

电话刚好响起来。

"您是华德太太吗？"

"是的。"

"您认识一个小男孩叫弗瑞弟吗？"

妈妈的脑袋里"叮"一声：出事了。安安和弗瑞弟在半个小时前一起到超级市场后面那个儿童游乐场去了。

"我是哈乐超市的老板。弗瑞弟在我们店里偷了东西，他的家长都不在，您可以来接他吗？"

妈妈把飞飞交给邻居，跳上车。安安在哪里？

妈妈第一次当小偷，也是在8岁那一年。从母亲皮包里拉出一张10元钞票，然后偷偷藏在衣柜底下。可是衣柜上有一面很大的穿衣镜，坐在客厅里的父亲眼睁睁看着女儿蹑手蹑脚的每一个动作。

安安在哪里？他也偷了吗？偷了什么？

穿过一排又一排的蔬菜，穿过肉摊、面包摊，穿一格一格的鸡蛋，在后面一个小小的办公室里，妈妈见到了刚上一年级的弗瑞弟。

弗瑞弟马上哭了起来，拳头揉着眼泪，抽泣着：

"是安安叫我来偷的——我自己不要偷的——是安安叫我来的……"

几个大人围在一旁。超市主人小声对妈妈说："他真怕了，不

Bernhard Walther 摄影

原野上有一群乳牛，
成天悠闲自在地吃草，好像整片天空、整片草原都属于他们，
一直到有一天，一只小牛想闯得更远，
碰到了一条细得几乎看不见的线——那是界线，
线上充了电，小牛触了电，吓了一跳，停下脚来——
原来这世界上有去不得的地方，做不得的事情。

要吓到他。"

妈妈蹲下来，把弗瑞弟拥在怀里片刻，等他稍稍静下来，才说：

"你别害怕，弗瑞弟，他们不会叫警察的，我们照顾你。我先要知道——"

妈妈扳正小男孩的肩，直直注视着他，"我先要从你嘴里知道你做了什么。真真实实地告诉我。"

"我进来，拿这些巧克力——"妈妈这才看到桌上一大包糖，"塞在我衣服里面，就这样——"

现行犯当场表演他如何缩着脖子、弓着背、抱着肚子走出去。

妈妈想笑，但是忍住了，做出严肃的脸孔："这个伎俩，是安安教你的还是你自己想的？"

"完全是我自己想出来的！"声音里透着几分骄傲，"全是我自己用脑袋想的！"

"这个小孩，"老板插进来，"上星期我就从镜子里注意到，老是弯腰驼背地走出去，我就要我们小姐注意了。刚刚他又出现，第一次被他走掉，这一次我们是等着他来的。"

妈妈和老板握手，感谢他对孩子的温和与体谅，并且答应会和弗瑞弟的父母解释情况。

弗瑞弟紧紧抓着妈妈的手，走出超市的玻璃门。

在小径上，妈妈停下脚步，弯下身来面对着小男孩：

"弗瑞弟，我现在要问你一个问题，而你对这个问题必须给我百分之百的真实答案——你答应吗？否则我就从此以后不再是你的朋友。”

弗瑞弟点点头，他的脸颊上还有未干的眼泪。

“我的问题是：是安安要你去偷的吗？”

“不是，”回答来得很快很急，“不是，全是我自己计划的，安安是我的朋友，我要讲真话。他没有叫我去偷。”

“好，”妈妈用手指抹去他的眼泪，“你答应从此以后再也不拿别人的东西吗？”

他点点头，“再也不了。”

没走几步，就看见安安坐在一根树干上，两只瘦腿在空中晃呀晃的。他看起来很镇静，那种山雨欲来风满楼的镇静。

当妈妈和安安独处的时候，安安终于憋不住了：“妈妈，我没有偷。我没做错事。”

妈妈在花生油颜色的客厅里坐下，安安在她面前立正。

“我不要听一句谎话，你懂吗？”

点头。

“他去之前，你知不知道他要去偷？”

点头。

“他偷了糖之后，是不是和你分吃了那糖？”

点头。

“他以前偷，你都知道吗？”

点头。

"每次都和你分？"

"我们是好朋友。"

"你有没有叫他去偷？"

"没有。"很大声。

妈妈抬眼深深地注视这个8岁的小孩。原野上有一群乳牛，成天悠闲自在地吃草，好像整片天空、整片草原都属于他们，一直到有一天，一只小牛想闯得更远，碰到了一条细得几乎看不见的线——那是界线，线上充了电，小牛触了电，吓了一跳，停下脚来——原来这世界上有去不得的地方，做不得的事情。

"你知道什么叫共犯吗？"妈妈问。

"不知道。"

"共犯，"妈妈说，"就是和人家一起做坏事的人。比如拿刀让人去杀人，比如让别人去偷，然后和他一起享受偷来的东西……你的错和弗瑞弟几乎一样重，你知道吗？"

安安在思考，说："他多重？我多重？"

"他六分重，你四分重。够重吗？"

点头。

"我也得处罚你。同意吗？"

点头，眼帘垂下去。

母子两人在书桌旁。"写好了交给我，我去接飞飞回来。"

那天晚上，爸爸和妈妈一起坐在灯下看一篇写得歪歪斜斜的
日记：

"今天很倒没。弗瑞弟去哈乐抄市被代到了。他妈妈不给他糖，
所以他去偷。我心里很南受，因为我也吃了偷来的糖。妈妈说那叫
分葬。

我没有偷，但是没叫他不偷，因为他都跟我分。我现在之道，
偷是决对不可以的。我再也不会了。很倒没，妈妈处法我写报告，
写错很多字，茶了很久，我心里很南过。很南过。一九九三年九月
二十八日"

你知道弗瑞弟的遭遇吗？第二天早上，他捧了一束鲜花，和他
爸爸走到哈乐超市，向老板鞠躬道歉。回来之后，被禁足一星期，
意思就是说，放学回来只能在花园里自己玩，不许出门。和好朋友
安安只能隔篱远远相望。从书房里，妈妈听到他们彼此的探问。

"弗瑞弟，我妈罚写文章，现在还罚我扫落叶。你在干什么？"
扫把声。脚踏落叶声。

"我妈也罚我扫花园。叶子满地都是。"
安静。

"可是我觉得满好玩的——你不喜欢扫落叶吗，弗瑞弟？"
"喜欢呀，可是，我妈还罚我三天不准看电视。"
"啊，我也是……"黯然。
又是一个阳光浓似花生油的下午。

在流水时光中，

「孩子」华安与华飞如今已是十九岁与十五岁的翩翩少年，

他们为了这本书十周年后改版重出，

各自写下了他们想对母亲说的话，

是跋，也是人生最珍贵的传承之声。

我这样长大

12点45分，终于到家。

村子里的维多利亚小学离我们家只要走10多分钟，但我通常需要两三倍的时间。12点一放学，几个死党就会讨论：今天走哪条路？每天试不同的路线。我们走得很慢很慢，边走边玩。最"秘密"的一条路，是绕到学校后面，穿过一个坟场，半片无人的森林。

当然，在小店"写写"逗留一番是绝对必要的。"写写"是学校附近惟一的小店，卖文具纸张还有玩具。我们每天去看有没有新的"乐高"，然后算算还要存多久的零用钱，才买得起。所以维多利亚小学生都熟悉的那个女老板，总是用一种很不高兴的眼光往下面盯着我们看，一副恨不得把我们都抓起来丢出去的表情。最奇怪的是，她的德文姓是"热情"，我们礼貌地叫她"热情"太太。

一进门我就习惯地大喊，"妈，我回来了！"

楼上书房就传来一声"好"的回答，然后一定是打喷嚏。妈妈有花粉热。

不情愿，但是没办法，回家第一件事一定是写作业。一边写作业，一边闻到厨房里传来的香味：好像是洋葱炒猪肝，还有香喷喷的泰国香米饭。功课只有一点点，做得差不多的时候，饭菜大概已经摆上了桌，这时哥哥华安也到了家，大概一点半，也就是一起吃饭的时候了。

饭桌上的谈话，总是绕着学校吧。我很热切地要报告今天老师教的我们的"村史"——村子里有条小溪，我们常到那条小溪里用手抓鳟鱼。"村史"地图把那条小溪画了出来。

吃过饭之后，就真的没事干了。我就跟着妈妈走进她的书房。我趴在她脚边的地毯上画漫画，她在书桌上写字（要到好多年以后才知道她是在写"文章"）。

她一直打喷嚏。我动不动就去纠缠她，坐在她腿上，跟她说东说西，一看她又低头写字了，我就又要她下来，跟我一起趴着，看我画的东西。

现在回想，真不知她那时怎么写作的。

时间慢慢走，总在这时候华安从他的房间大喊，"妈妈，作业做完了，我可不可去踢球？"

妈妈的反应永远是大惊小怪："怎么可能？你每天的作业只做15分钟都不到啊？人家台湾的小朋友要写三个小时呢，德国教育有毛病！"她就离开书桌，拿起华安的本子翻一翻，华安咕噜咕噜乱解释一通，妈妈就准了。

但是慢点，有条件："你让弟弟跟你一起去好吗？"

Bernhard Walther 摄影

飞飞将他的小汽车一辆一辆投进马桶,
又小心地一辆一辆捞出来。

华安不太情愿了，因为他觉得小他四岁的小鬼很烦人，很黏，很讨厌。他就跟妈妈磨来磨去，就是不肯让弟弟跟着他。我呢，站在一旁，假装出无所谓的样子，甚至于酷酷地说："我根本不想去"，但是，唉，心里想死了：拜托，让我去吧。

结果，多半是哥哥让步了，我们一高一矮就抱着球，出了门。

球场非常简单，其实只是一块空地，加一个老旧的门。一下雨就满地黄泥。华安的伙伴们已经在等他。我们开始死命地踢球，两个小时下来，头发因为泥巴和汗水而结成块，鞋子里满满是沙，脸上、手上、腿上、一层泥。可以回家了。

有时候，哥哥铁了心，就是不让我跟，妈妈也理解他，不愿勉强。她就会带着我，可能还有"小白菜"——我的小小金发女友，走到家对面那个大草原去采花。都是野花，采了的花，放在妈妈带来的竹篮子里，带回家做植物标本。妈妈还给我准备了一个本来装蜂蜜的玻璃瓶，她用剪刀在金属瓶盖上啄出几个洞。草原上的草长得很高，蚱蜢特别多，蹦来蹦去。我就一只一只抓，抓到的放进玻璃瓶里。原来那些洞，是让蚱蜢呼吸的。

玻璃瓶里装了几十只蚱蜢之后，我们就回家。我把蚱蜢再一只一只从瓶子里倒出来，倒到我们的花园草地上。也就是说，我开始饲养蚱蜢。

可是好景不长，很快我们就发现，蚱蜢把我在花园里很辛苦种下的番茄都给吃掉了。

有时候，妈妈带我们在草原上放风筝。草原那么大，草绿得出水，我们躺下来，看风筝在天空里飞。我觉得我可以一辈子躺在那里。

然后就是晚餐时间了。晚餐，通常是由我们的匈牙利管家煮的。她常做匈牙利炖牛肉给我们吃。

晚餐吃过以后，妈妈准许我和哥哥看一点点电视，大概半个小时到一个小时，绝不超过。对这个她特别严格，一点不心软。时间一到，妈妈就出现了。像个母鸡一样，把我们半推半牵带到浴室。"刷牙"的仪式是这样的：浴室有两个洗手台，她放了一只矮脚凳在一个洗手台前，那就是让我踩上去的地方；我太矮，上了矮脚凳才看得见镜子。她就靠在浴缸边缘，看我们刷牙，洗脸，换上睡衣。哥哥转身要走，她就大叫："牙套——"。哥哥矫正牙齿三年，我听妈妈叫"牙套——"也听了三年。她总是用德语说"牙套"这个字。

洗刷干净了，接着就是"孙悟空时段"。我们坐在床上，哥哥和我并肩靠着枕头，被子盖在膝上。妈妈坐在床沿，手上一本敞开的《西游记》。她并不照着书本念，而是用讲的。我们也不断地七嘴八舌打断她："那孙悟空身上共有几根毛呢？""猪八戒用鼻子还是用嘴巴呼吸？"她永远有办法回答我们的问题，而且回答永远那么生动那么新鲜有趣。同时跟我们看地图，让我们认识故事里每一个人物的个性和造型。

听到猪八戒"怀孕"的那一段，我和哥哥笑得在床上打滚。然后哀求妈妈"再讲一次，晚一点睡觉，再讲一次……"

再怎么耍赖，睡觉的时刻还是逃不掉。讲了二三十分钟故事之后，她就把书合起来，一个人亲一下，然后就关了灯，轻手轻脚带上门。

我们在黑暗中，听她轻轻的脚步声，走向她的书房（也要好几年之后，我够大了，才知道，每天晚上，这个时候她才能开始写作）。

她一走，我们就从被子里出来，开始捣乱，"躲猫猫"的游戏正式开始。我们悄悄开灯，玩"乐高"积木，或者大声讲话，或者躲到衣橱里去，就是想等她发现，等她来。没几分钟，她不放心，果真来了。假装生气地骂人，把我们赶上床，关灯，关门，又回到她的文章。她一走，我们又像老鼠出洞，开灯，钻到床底下，唱歌、说笑……等她来。

她又来，这回有点气急败坏了，把我们从床底下揪出来。

她不知道的是，她越是气急败坏，我们越兴奋。搞得妈妈无法工作，给我们莫大的成就感。

这样来来回回好几回合之后，都过10点了，妈妈会气得拿出一支打毯子的鸡毛掸子，做出很"狠"的样子，"手伸出来"。我们就开始绕着房间逃。她怎么也打不到。见她老打不到，心里的得意到今天还记得。当然，也要等到长大之后，才发现，哎呀，她不是真打不到啊。

　　最后，我们自己把自己给累倒了。倒在床上，筋疲力尽。

　　模模糊糊中，感觉有人进来，那是工作了一整天的爸爸回来了。他轻轻地推门进来，走到我床边，摸摸我的头，弯下身来在我耳边很轻很轻地说："晚安，孩子。"

——华飞写于十五岁时在香港

放手

　　写童年不是个容易的题目；童年仿佛很近，然而幼稚的记忆是模糊的，片段的印象也没有时间的顺序，我很难找出一条逻辑清晰的线来叙述。儿时跟父亲相处的时间少，但个别的场景分明，大部分的时间都环绕着母亲，但是因为太多，印象就朦胧成一团。

　　我的父母亲太不一样了：父亲扮演了一个放任自由的角色，但是对我的成长细节没什么理解，相对之下，母亲就变成了集责任于一身的严格的教育者，但是又充满温暖。母亲和我最大的歧异在于，我只在乎好玩，她却很在意什么是我将来需要的才能或者品格。譬如弹钢琴，在母亲面前假装练琴练了8年，其实根本没练，今天也全忘光了；这场拔河，我是赢了。譬如游泳，母亲说游泳很重要，所以我就努力杯葛，总是用最慢的速度走向体育馆，好几次，我走到的时候，游泳课已经下课了。被母亲逮着时，她会连拉带扯地把我塞进汽车里，一路"押"到游泳池，但是这种猫抓老鼠的游戏，总是老鼠赢的机率高。

　　我承认自己是个顽皮的孩子。琴弹得不好，泳游得不精，我也

Bernhard Walther 摄影

母亲以一种安静的、潜移默化的方式，
把我教育成了一个"像一株小树一样正直"的人。

没法倒过来"指控"她说:"当年我小,你应该强迫我啊",因为我记得那么清楚,当年她就说:"好,现在我不强迫你了,但是你长大以后不要倒过来埋怨我没强迫你喔。"

尽管我们之间一直有这种成长的"拔河",母亲却仍然以一种安静的、潜移默化的方式,把我教育成了一个,用她的语言说,"像一株小树一样正直"的人。跟我接触的德国人总是说:"安德烈的思想和举止特别成熟",我大概不得不感谢我的母亲。是她教会了我如何作深刻的批判、理性的思考,尤其是对于现象如何敏锐静观。当然,并非事事美好。我超强的"敏锐静观"能力,往往不是用在该用的地方,譬如课堂里枯燥无味的讲课,而是在不该用的地方,譬如课堂外头唱歌的小鸟。接连四年的成绩单上,不同的导师却都写相同的评语:安德烈不够专心。

跟什么都"放手"的父亲比起来,母亲简直就是我和弟弟的"家庭独裁"。今天我能够理解了:她对我一方面极其严格,督促我努力学习、认真做事,一方面又却极其讲究自由尊重和理性思考。这两种有点矛盾的态度来自她自己身上两个成长印记:一个是她本身在台湾所受的教养——保守的、传统的,另一个却是,她是一个成长在20世纪60年代末、70年代初的知识分子——崇尚自由和理性。

华飞所记忆的童年和我作为"老大"的是有差异的。他记忆中,妈妈有很多的口头威胁却从来不会真正对我们"动武"——那是他的部分,我可记得她的梳子,还有那一支细小的鸡毛掸子,手心打得可疼，有时候也打屁股，还有，总共有两次，她甚至打了我的脸。

　　当然最多、最鲜明的记忆，还是那些温馨的甜美的时光。周末，一整个晚上我们三人围在床上一起朗读、讲故事，整个晚上。从安徒生童话、希腊神话到传统的中国民间故事，从花木兰到三国演义，我们的视野地平线简直是一种无限宽阔的开展。母亲和我们这种亲密相处方式，说起来就仿佛是现代亲子教科书里会鼓吹的一种知性教育范本，但是对于当时的我们，也不过就是晚上与母亲的温存时刻，而且，为了不睡觉，让故事朗读的时间，能拖多长就拖多长，愈长愈好。

　　就在我写的此刻，更多的回忆一点一滴地渗进我的思维。以我和弟弟、和母亲的关系来说，我一点儿也不觉得这两个人是我的"家人"，反而比较觉得他们是我的挚友。对我的朋友们我是不太愿意承认的，但实情是，我是在和华飞的日夜厮磨中长大的，而母亲，更曾是我的宇宙核心。一个典型的下午，做了功课（或说，我假装做了功课之后），我们俩一定是在母亲的书房里流连。每当"底笛"和我在书房里乱搞了什么异想天开的事，母亲就会从书桌上抬起头来说："喂，看看书怎么样？"

　　她没变，这个句子到今天她还在说——而我也没变，仍旧不爱看书。希望我"发挥潜能"的这个想法在母亲心中，有时会引发一种极其尴尬的情况。我记得五年级时，母亲收到学校一个通知：如果认为孩子有音乐天分，家长可以带孩子去面试，以便进音乐资优班。母亲以为这是所有孩子都得上的课，因此如约带了我，准时到达了音乐教室门口。坐在钢琴课旁的老师，要我开口唱一首最简单的德国儿歌，我却当场吓呆了，一个字都唱不出来，伊伊呀呀不成音调，手指放上琴键，却一个音也弹不下去。音乐老师显然不耐烦了，跟母亲解释，这是有特殊"天分"的孩子才需要来，母亲却觉得，她收到的信明明说是每个人都得来的。

当然母亲理解错了。

那是第一次，我发现，德国是一个母亲不熟悉的"异国文化"，在这个"异国文化"——我的"本土文化"里，我比她还行。10岁，我就发现，在抽象思维和大视野、大问题上，她好像懂得很多，但是德国生活里的琐琐碎碎、点点滴滴，华安懂得多。因为这种"分裂"，我就常常和她有不同意见，最严重的时候，甚至还因为有这样不进入"状况"的母亲而觉得羞愧。

今天，我却以母亲的"异国文化"为荣，以这样的母亲为荣。即使我们在过去的岁月里常常有沟通的困难，我想告诉她：不要忘记这些过去的记忆，因为这些记忆，会跟着我们的人生，一生一世，只不过，它们不再像我们儿时那么的明显。你可以说："孩子你慢慢来"，可是有时候，快快地"放手"或许也是必要的。我知道，这很难，难极了，但是如果你记得我们儿时的甜蜜时光，如果你知道你在我们心中永远的位置，或许，它就会容易一点点。

——华安写于十九岁时

图书在版编目（CIP）数据

孩子你慢慢来／龙应台著。－上海：文汇出版社，2005.8
（龙应台作品系列）
ISBN978-7-80676-723-8

Ⅰ.孩…　　Ⅱ.龙…　　Ⅲ.散文－作品集－中国
－当代　Ⅳ.I267

中国版本图书馆CIP数据核字（2005）第030770号

龙应台作品系列·2

孩子你慢慢来

作　　者 ／ 龙应台
责任编辑 ／ 萧关鸿　张　衍
装帧设计 ／ 周夏萍
出版发行 ／ 文匯出版社

经　　销 ／ 全国新华书店
印刷装订 ／ 上海市北印刷（集团）有限公司
版　　次 ／ 2005年8月第1版
印　　次 ／ 2008年8月第11次印刷
开　　本 ／ 890×1240　1/32
字　　数 ／ 181千
印　　张 ／ 5.5
印　　数 ／ 51301－101300
ISBN978-7-80676-723-8
定　　价 ／ 26.00元